O Cristão Verdadeiro

D.A. CARSON

O Cristão Verdadeiro

CRESCENDO NA GRAÇA E
EXPERIMENTANDO A ALEGRIA
DE **SEGUIR A CRISTO**

© 1996 de D. A. Carson
Publicado com autorização de:
D. A. Carson
Título original: Basic for Believers, Ann
Exposition of Philippians

1ª edição: março de 2018
1ª reimpressão: março de 2022

TRADUÇÃO
Elizabeth Gomes

REVISÃO
Lege Publicações

DIAGRAMAÇÃO
BZL Design

CAPA
Claudio Souto

EDITOR
Aldo Menezes

COORDENADOR DE PRODUÇÃO
Mauro Terrengui

IMPRESSÃO E ACABAMENTO
Imprensa da Fé

As opiniões, as interpretações e os conceitos emitidos nesta obra são de responsabilidade do autor e não refletem necessariamente o ponto de vista da Hagnos.

Todos os direitos desta edição reservados à
EDITORA HAGNOS LTDA.
Av. Jacinto Júlio, 27
04815-160 — São Paulo, SP
Tel.: (11) 5668-5668

E-mail: hagnos@hagnos.com.br
Home page: www.hagnos.com.br

Editora associada à:

Dados Internacionais de Catalogação na Publicação (CIP)
Angélica Ilacqua CRB-8/7057

Carson, D. A, 1946 -

O cristão verdadeiro: crescendo na graça e experimentando a alegria de seguir a Cristo / Donald Arthur Carson; tradução de Elizabeth Gomes; São Paulo: Hagnos, 2018.

Bibliografia
ISBN 978-85-7742-219-7

Título original : Basics for believers: An exposition of Philippians.

1. Bíblia. N.T. Filipenses 2. Vida cristã 3. Palavra de Deus (Teologia cristã) 4. Fé 5. Deus I. Título II. Gomes, Elizabeth.

17-1875 CDD-227:607

Índices para catálogo sistemático :
1. Bíblia. N.T. Filipenses

Para Peter e Mary
Com profunda gratidão a Deus
por sua amizade, seu exemplo e seu encorajamento.

Sumário

Apresentação à edição em português 9

Introdução 13

1. Ponha o evangelho em primeiro lugar
Filipenses 1:1-26 15

2. Enfoque a cruz
Filipenses 1:27—2:18 45

3. Adote a morte de Jesus como texto de sua perspectiva
Filipenses 1:27—2:18 69

4. Imite os líderes cristãos dignos
Filipenses 2:19—3:21 89

5. Nunca desista da caminhada cristã
Filipenses 4:1-23 133

Apresentação à edição em português

O coração é o órgão mais importante do ser humano. É o responsável pelo percurso do sangue bombeado através de todo o organismo, que é feito em cerca de 45 segundos, batendo em torno de 110 mil vezes por dia e bombeando aproximadamente 5 litros de sangue. Neste tempo o coração bombeia sangue suficiente para percorrer todo o corpo nos sentidos de ida e volta, transportando oxigênio e os nutrientes necessários às células que sustentam o organismo e a vida.

O coração causa tanta fascinação que desde tempos antigos tem sido retratado na literatura, na filosofia, na poesia, na música e nas artes de modo geral como a "sede" do homem interior, como essência da natureza humana, como o âmago da alma, o centro da personalidade, a casa das emoções e o lugar da fé.

A Bíblia também emprega a imagem do coração para falar da vida interior do homem (1Pedro 3:4; 2Coríntios 4:16) e de nossa vida diante de Deus. No Antigo Testamento, a expressão

10 O CRISTÃO VERDADEIRO

hebraica mais usada para coração é "leb", que quer dizer "parte interior", enquanto no Novo Testamento, a expressão é "kardia", que é de onde tiramos nossa tradução para coração.

Na Bíblia, vemos ainda o coração sendo usado para falar sobre a personalidade de uma pessoa, sobre seu estado emocional (Êxodo 4:14), sobre atividades da mente, intelecto e razão (Deuteronômio 29:4) e também sobre o lugar da vontade (1Crônicas 22:19). O coração é ainda o lugar de onde se manifesta o pecado (Provérbios 6:14; Jeremias 17:9; Mateus 5:28; 15:19) e é também o lugar da obra redentora da graça de Deus (Salmos 51:10; Ezequiel 36:26; Atos:16:14).

Assim, a Bíblia ensina que o Espírito de Deus regenera o coração do homem, habilitando-o a confessar Jesus Cristo como seu Senhor e a crer com fé e arrependimento no evangelho, tendo agora seu coração transformado e passando a andar pela fé. Então, o coração do crente passa a ser o lugar de seu relacionamento de amor com Deus, passa a ter novos valores, nova perspectiva, nova forma de encarar a vida e o mundo que nos cerca, pois é no coração que a obra santificadora de Deus acontece.

O livro que o leitor tem em mãos fala sobre a obra da graça no coração de quem crê. Escrito e lançado originalmente em 1996 pelo respeitado teólogo canadense Donald Carson — possivelmente o maior especialista em teologia bíblica de nossos dias-, é uma obra atual e relevante, que traz uma bela exposição na epístola do apóstolo Paulo aos Filipenses, destacando ensinos básicos para a vida cristã presentes no ensino do apóstolo àquela que foi a primeira igreja do ocidente, na Europa.

Apresentação à edição em português 11

Seguindo o ensino de Paulo em Filipenses, Carson chama o cristão a assegurar que seu coração esteja cheio do evangelho, dando assim nova perspectiva aos relacionamentos, à vida de oração, aos alvos na vida. Ele também demonstra que quando a cruz de Cristo está no coração do crente, este lidará com o sofrimento, dores e lutas perseverantemente. Enfim, o crente é levado para os fundamentos da vida cristã.

Numa nota pessoal, celebro com muita gratidão a Deus mais uma oportunidade de ler e ouvir Don Carson. Embora já houvesse aprendido muito dele e o conhecesse há muitos anos por conta de seus vários livros que li e alguns que editei para o português, tive o privilégio de alguns encontros com Carson que aumentaram minha admiração por seus muitos dons para o ensino, marcado por clareza, simplicidade e fidelidade bíblica e por sua humildade e piedade cristã, pois mesmo sendo um gigante da teologia é alguém de um trato gentil e muito acessível. O primeiro contato pessoal que tive com Don se deu em 2009, na oportunidade da 25ª Conferência Fiel para pastores e líderes em Águas de Lindoia, SP, organizada pelo Ministério Fiel. Na oportunidade, ajudei a organizar a conferência e assisti com muito interesse suas palestras sobre a doutrina da justificação pela graça mediante a fé. Lembro como, sentado ao lado de meu amigo, Pr. Franklin Ferreira, nos entusiasmamos com sua exposição em Gálatas e com sua mensagem sobre a Nova Perspectiva em Paulo, quando fazia citações de trechos inteiros de obras sobre o assunto de memória. Depois disso, pude ainda participar como convidado ouvinte de Dr. Carson de uma reunião do Conselho de seu ministério, The Gospel Coalition, em Louisville, Kentucky, em 2012. Ali pude ouvir e ter contato

O CRISTÃO VERDADEIRO

com teólogos e pregadores renomados, como John Piper, Tim Keller, Mark Dever, Ligon Duncan, Albert Mohler, entre vários outros; e ainda o recebi novamente em uma conferência Fiel em 2013, ocasião em que mais uma vez fez uma série de exposições bíblicas, desta vez sob o tema "O Deus Presente".

Estou seguro que este livro fará muito bem ao leitor e que o ajudará em sua caminhada de fé e santificação, para que viva uma vida *Coram Deo*.

Tiago J. Santos Filho
Membro do corpo pastoral da Igreja Batista da Graça em São José dos Campos, SP; diretor pastoral e professor de Ética Cristã e Exposição nos Evangelhos no Seminário Martin Bucer, São José dos Campos, Brasil.

Introdução

Os cinco capítulos deste livro oferecem uma introdução à carta escrita pelo apóstolo Paulo aos cristãos filipenses, quase dois mil anos atrás.

Originalmente, estes cinco capítulos foram preparados como quatro mensagens, entregues na Semana Santa de 1994 na conferência "Palavra Viva" em Skegness, Inglaterra. Os capítulos 2 e 3 eram anteriormente uma única mensagem mais curta. Sou profundamente grato pelo convite para participar daquele ministério de exposição bíblica.

Nada me agradaria mais do que, como resultado da leitura deste livro e, consequentemente, da meditação em Filipenses, muitos crentes pudessem ecoar as palavras de Paulo:

> [Quero] ser achado nele, não tendo justiça própria, que
> procede de lei, senão a que é mediante a fé em Cristo,
> a justiça que procede de Deus, baseada na fé;
> para o conhecer, e o poder da sua ressurreição,

14 O CRISTÃO VERDADEIRO

e a comunhão dos seus sofrimentos,
conformando-me com ele na sua morte (Filipenses 3:9-10).

Soli Deo gloria.

Capítulo 1

Ponha o evangelho em primeiro lugar
Filipenses 1:1-26

1 Paulo e Timóteo, servos de Cristo Jesus, a todos os santos em Cristo Jesus, inclusive bispos e diáconos que vivem em Filipos,

2 graça e paz a vós outros, da parte de Deus, nosso Pai, e do Senhor Jesus Cristo.

3 Dou graças ao meu Deus por tudo que recordo de vós, **4** fazendo sempre, com alegria, súplicas por todos vós, em todas as minhas orações, **5** pela vossa cooperação no evangelho, desde o primeiro dia até agora. **6** Estou plenamente certo de que aquele que começou boa obra em vós há de completá-la até ao Dia de Cristo Jesus.

7 Aliás, é justo que eu assim pense de todos vós, porque vos trago no coração, seja nas minhas algemas, seja na defesa e confirmação do evangelho, pois todos sois participantes da graça comigo. **8** Pois minha testemunha é Deus, da saudade que tenho de todos vós, na terna misericórdia de Cristo Jesus.

9 E também faço esta oração: que o vosso amor aumente mais e mais em pleno conhecimento e toda a percepção, **10** para aprovardes as coisas excelentes e serdes sinceros e

16 O CRISTÃO VERDADEIRO

inculpáveis para o Dia de Cristo, **11** cheios do fruto de justiça, o qual é mediante Jesus Cristo, para a glória e louvor de Deus.

12 Quero ainda, irmãos, cientificar-vos de que as coisas que me aconteceram têm, antes, contribuído para o progresso do evangelho; **13** de maneira que as minhas cadeias, em Cristo, se tornaram conhecidas de toda a guarda pretoriana e de todos os demais; **14** e a maioria dos irmãos, estimulados no Senhor por minhas algemas, ousam falar com mais desassombro a palavra de Deus.

15 Alguns, efetivamente, proclamam a Cristo por inveja e porfia; outros, porém, o fazem de boa vontade;**16** estes, por amor, sabendo que estou incumbido da defesa do evangelho; **17** aqueles, contudo, pregam a Cristo, por discórdia, insinceramente, julgando suscitar tribulação às minhas cadeias. **18** Todavia, que importa? Uma vez que Cristo, de qualquer modo, está sendo pregado, quer por pretexto, quer por verdade, também com isto me regozijo, sim, sempre me regozijarei. **19** Porque estou certo de que isto mesmo, pela vossa súplica e pela provisão do Espírito de Jesus Cristo, me redundará em libertação,

20 segundo a minha ardente expectativa e esperança de que em nada serei envergonhado; antes, com toda a ousadia, como sempre, também agora, será Cristo engrandecido no meu corpo, quer pela vida, quer pela morte. **21** Porquanto, para mim, o viver é Cristo, e o morrer é lucro. **22** Entretanto, se o viver na carne traz fruto para o meu trabalho, já não sei o que hei de escolher. **23** Ora, de um e outro lado, estou constrangido, tendo o desejo de partir e estar com Cristo, o que é incomparavelmente melhor.

24 Mas, por vossa causa, é mais necessário permanecer na carne. **25** E, convencido disto, estou certo de que ficarei e permanecerei com todos vós, para o vosso progresso e gozo da fé, **26** a fim de que aumente, quanto a mim, o motivo

Ponha o evangelho em primeiro lugar 17
Filipenses 1:1-26

de vos gloriardes em Cristo Jesus, pela minha presença, de novo, convosco.

Quero comprar uns dez reais de evangelho, por favor. Não quero muito — só o bastante para eu ser feliz, mas não tanto que eu fique viciado. Não quero tanto evangelho a ponto de aprender a odiar a cobiça e a lascívia. Com certeza, não quero tanto a ponto de aprender a amar meus inimigos, valorizar a autonegação, ou contemplar o serviço missionário em alguma cultura estrangeira. Quero êxtase, não arrependimento; quero transcendência, não transformação. Quero ser valorizado por algumas pessoas agradáveis, perdoadoras, de mentes esclarecidas, mas eu mesmo não quero amar os que são de raças diferentes — especialmente se elas cheiram mal. Quero evangelho suficiente para tornar segura a minha família e bem-comportados os meus filhos, mas não a ponto de ter de redirecionar minhas ambições ou ampliar demais minhas doações. Por favor, me dê apenas uns dez reais de evangelho!

Claro que nenhum de nós é grosseiro a ponto de colocar nessas palavras. Mas a maioria já sentiu-se tentada a optar por uma versão *domesticada* do evangelho. De algumas maneiras, essa tentação é constante. Talvez esteja especialmente forte hoje em dia, devido a muitos acontecimentos no mundo ocidental.

Primeiro, cresce a pressão do processo de secularização. A secularização não se refere a algum ímpeto social que nos impulsione a abolir a religião. Pelo contrário, a secularização refere-se aos processos que impelem a religião à periferia da vida. O resultado não é que abandonamos a religião ou banimos o evangelho, mas a religião é marginalizada

18   O CRISTÃO VERDADEIRO

e privatizada, e o evangelho é considerado sem importância. Vemos evidências desse desenvolvimento de todos os lados, mas ele é exibido mais facilmente quando fazemos uma única pergunta: O que governa o discurso nacional? A resposta, claro, é quase tudo *menos* o evangelho: economia, entretenimento, esportes, baixarias, o que ou quem está na moda, quem está ultrapassado. O discurso moral é relativamente escasso, e quase nada tem a ver com as perspectivas eternas — como viver em face da morte e do juízo final — a despeito da centralidade do tema no ensino de Jesus. Assim, quando insistimos na importância suprema do evangelho, encontramos muitos céticos em nossa sociedade, que descartam todos esses valores. Em parte para nossa proteção contra os outros, em parte porque nós mesmos somos profundamente influenciados pela cultura em que vivemos, nos movemos e temos nossa existência, sem perceber, nos encontramos afirmando formalmente o evangelho e confessando que a religião bíblica é de infinito valor, enquanto na realidade não somos mais possuídos por ela. Talvez mantenhamos a fé pela sua privatização: torna-se incivilizado falar sobre religião em círculos mais polidos. Compramos os nossos dez reais de evangelho, mas isso muito pouco nos desafia.

Segundo, as influências da autoindulgência que tanto minam o mundo ocidental exercem seu poder na igreja. Para muitos que confessam ser cristãos, é mais importante ter conforto e segurança do que sacrificar a si mesmo ou entregar-se pelo próximo. Dez reais de evangelho, por favor, mas não mais que isso.

Terceiro, somos testemunhas do surgimento daquilo que alguns denominam "pluralismo filosófico". Com certeza, muitas nações do ocidente, incluindo a Grã Bretanha e os Estados Unidos, são mais diversificadas, mais empiricamente pluralistas do que em qualquer outro tempo. Por quase todos os critérios objetivos, jactamos uma mais rica diversidade de raças, religiões, valores morais e formas de herança cultural do que quaisquer de nossos avós puderam experimentar em nosso país. Em si, isso não é coisa boa, nem é coisa má. É apenas um fato brutal, que poderia ser interpretado de diversas formas. Mas, algo mais se entende com o termo "pluralismo filosófico". Ele se refere à insistência de que na maioria das áreas do conhecimento humano, talvez em todas elas, o conhecimento da verdade objetiva é impossível. Sendo impossível a verdade, é sempre um pensamento errado, talvez imoral, afirmar que qualquer ideologia ou religião seja superior a outra. Com certeza, nenhuma religião tem o direito de pronunciar outra como errada. Essa é a única coisa "errada". A visão de que exista algo que seja heresia tornou-se a única heresia.

Em um mundo assim, o evangelismo é facilmente descartado como proselitismo grotesco. A insistência calma de que exista uma verdade real é rejeitada como sendo, no máximo, uma epistemologia antiquada do século 19, e no mínimo, fanatismo ignorante. Assim, novamente, encontramos razões para querer apenas um pouquinho de evangelho, quem sabe, não mais que dez reais, mas sem exageros.

Paulo reconhecia o insidioso mal de pressões dessa espécie, no Império Romano de seus dias. Como nas culturas

20   O CRISTÃO VERDADEIRO

ocidentais modernas, o Império Romano tinha começado a sua decadência. Como a nossa, estava preparado para utilizar a religião com fins políticos, mas não estava disposto a ser dominado por ela — o Império se acomodava devagarinho à autoindulgência cultural, orgulhoso de sua diversidade e esforçando-se para mantê-lo unificado pela demanda de lealdade resoluta ao Imperador. O pluralismo de diversos tipos tornava impopular dizer que só existe um caminho para a salvação. Na verdade, os povos vassalos normalmente só trocavam seus deuses pelos de Roma; o panteão romano assumia alguns dos novos deuses, enquanto o povo recém-subjugado adotava algumas das divindades romanas. Desse modo, nenhum deus se tornava tão presunçoso a ponto de desafiar o poder de Roma.

Era esse o mundo de Paulo, quando escreveu aos Filipenses. Ele havia fundado a igreja na cidade de Filipos em 51 ou 52 d.C.; visitou a igreja pelo menos duas vezes depois disso. A essa altura, porém, Paulo está escrevendo da prisão, provavelmente de Roma, em 61 d.C. Portanto, a igreja de Filipos não tem mais que dez anos de existência. Paulo percebe uma variedade de pressões espreitando-a nos bastidores, pressões que poderiam prejudicar a comunidade inexperiente na vida cristã. Ele não podia visitá-los, mas queria encorajá-los a continuar com seus compromissos cristãos básicos, e estarem atentos quanto a uma coleção de perigosas tentações internas e a sedução e oposição dos de fora.

O que uma pessoa diz quando está encarcerada injustamente, enfrentando a possibilidade da pena de morte, provavelmente receberá maior atenção do que se essa pessoa estiver livre e despreocupada. Assim, a decisão de Paulo de escrever da prisão para os filipenses, lembrando-os de algumas coisas básicas da vida cristã, sem dúvida repercutiu para o bem dessa igreja.

Qual era, então, o seu fardo ao se dirigir aos filipenses? O que Deus está nos dizendo, através de seu Espírito, por meio dessas mesmas palavras escritas há dois mil anos?

A primeira coisa que este livro enfatiza é: "Ponha o evangelho em primeiro lugar". Será útil traçarmos este tema com quatro pontos.

Ponha a comunhão do evangelho no centro do seu relacionamento com os crentes (1:3-8)

Como era comum em suas cartas, Paulo inicia com uma calorosa expressão de gratidão a Deus por algo na vida de seus leitores. Aqui, a base de sua gratidão a Deus está em três aspectos, embora os três estivessem ligados ao mesmo tema.

Primeiro está sua lembrança fiel. A *Nova Versão Internacional* (NVI) diz: "Agradeço a meu Deus toda vez que me lembro de vocês". Mas outras traduções dizem: "Agradeço a meu Deus sempre que me recordo de vocês" ou algo semelhante. É ambíguo o original. Não vou entrar nas razões para isso, mas eu penso que Paulo se refere à lembrança *que eles têm dele*. Mais adiante, ele vai agradecer aos filipenses por lembrarem-se dele com tanto carinho, ao ponto de enviar fundos para seu sustento no ministério. Mas, aqui, a visão é mais ampla: ele percebe que o interesse que eles têm nele é reflexo de seu compromisso contínuo com o evangelho, e é por esta razão que ele agradece a Deus por eles.

22 O CRISTÃO VERDADEIRO

O ponto torna-se explícito na segunda razão de sua gratidão: "fazendo sempre, com alegria, súplicas por todos vós, em todas as minhas orações, pela vossa cooperação no evangelho, desde o primeiro dia até agora" (1:4-5). Sua "cooperação (parceria) no evangelho" infunde alegria nas orações de gratidão de Paulo: "orando sempre com alegria", escreve ele. A palavra "cooperação" é mais comumente traduzida por "comunhão" no Novo Testamento. O que essa palavra significa precisamente?

No uso comum, "comunhão" tornou-se um tanto enfraquecida. Se você convida um vizinho pagão à sua casa para um chá, é por amizade; se convida um cristão para tomar um chá, é comunhão. Se você vai a uma reunião na igreja e sai logo que termina, você terá participado de um culto. Se ficar para o cafezinho depois, é comunhão dos crentes. No uso moderno, portanto, comunhão passou a ser uma amizade agradável com os crentes.

No primeiro século, porém, a palavra tinha comumente implicações comerciais. Se João e Haroldo compram um barco e começam um negócio de pesca, eles entram em comunhão, ou parceria. Interessante é que, no Novo Testamento, a palavra frequentemente está ligada a questões financeiras. Assim, quando os crentes da Macedônia mandaram dinheiro para ajudar os cristãos pobres de Jerusalém, entraram em comunhão, parceria com eles (Romanos 15:26).

O coração da verdadeira comunhão está na conformidade de autossacrifício numa missão compartilhada. Tanto João, quanto Haroldo juntaram suas economias no barco de pesca. Agora, eles compartilham a visão que manterá de pé a

Ponha o evangelho em primeiro lugar **23**
Filipenses 1:1-26

sua companhia iniciante. A comunhão cristã, então, implica em sacrificar a si mesmo, em conformidade com o evangelho. Pode haver traços de calor e intimidade, mas o cerne da questão está na visão compartilhada do que é de importância transcendental, uma visão que conclame pelo nosso compromisso. Assim, quando Paulo dá graças, com alegria, pela "comunhão no evangelho" dos filipenses, por sua "cooperação no evangelho", ele está agradecendo a Deus porque estes irmãos e irmãs em Cristo — desde o momento de sua conversão ("desde o primeiro dia até agora", Paulo escreve) — arregaçaram as mangas e estiveram envolvidos no avanço do evangelho. Continuaram o seu testemunho em Filipos, perseveraram em suas orações por Paulo, enviaram dinheiro para sustentá-lo em seu ministério — tudo testemunhando sua visão partilhada da importância do evangelho. Isto é razão mais que suficiente para ser grato a Deus por eles.

Há uma terceira base para Paulo ser grato a Deus por eles. É nada menos que o operar contínuo de Deus em suas vidas. "Dou graças a meu Deus", Paulo começa no versículo 3, e agora acrescenta "estou plenamente certo de que aquele que começou boa obra em vós há de completá-la até ao Dia de Cristo Jesus" (1:6). Esta é quase uma definição do que seja o verdadeiro cristão. O Novo Testamento apresenta não poucos exemplos de pessoas que professaram a fé, mas eram espúrios, evidenciados pelo fato de não permanecerem nela: eles não perseveraram. Por exemplo, no final de João 2, muitas pessoas creram no nome de Jesus, quando viram os sinais e milagres que fazia. "Mas o próprio Jesus não se confiava a eles, porque os conhecia a todos" (João 2:24), porque

24   O CRISTÃO VERDADEIRO

sabia não ser autêntica a fé que professavam. Alguns capítulos adiante, aos que professavam a fé, Jesus declarou: "Se vós permanecerdes na minha palavra, sois verdadeiramente meus discípulos" (João 8:31). Ou como o coloca Hebreus 3:14: "Porque nos temos tornado participantes de Cristo, se, de fato, guardarmos firme, até ao fim, a confiança que, desde o princípio, tivemos". Na parábola do semeador, Jesus mostra alguns que "semelhantemente, são estes os semeados em solo rochoso, os quais, ouvindo a palavra, logo a recebem com alegria. Mas eles não têm raiz em si mesmos, sendo, antes, de pouca duração; em lhes chegando a angústia ou a perseguição por causa da palavra, logo se escandalizam" (Marcos 4:16-17). Rapidamente eles recebem a palavra, rapidamente eles caem. Os mais promissores da colheita, neste caso, provam ser volúveis: começam indicando sinais de vida, mas jamais produzem frutos.

Não era esse o caso dos filipenses. Porque Deus os preserva, Paulo está convencido de que eles perseverarão. Paulo agradece a Deus porque está totalmente confiante, ao observar os filipenses, de que Deus realmente começou neles "boa obra" (não era uma conversão espúria a deles), e o Deus que inicia uma boa obra a completará.

Vale a pena refletir que, ao dar graças, Paulo não o faz de maneira mecânica ou ritualista. Veja o versículo 4: "Fazendo sempre, com alegria, súplicas por todos vós, em todas as minhas orações". As suas palavras nos lembram o que João disse em sua terceira epístola: "Não tenho maior alegria do que esta, a de ouvir que meus filhos andam na verdade" (3 João 4). Implicitamente, tal postura apostólica

Ponha o evangelho em primeiro lugar   25
Filipenses 1:1-26

nos indaga: o que é que nos dá maior alegria? É o sucesso pessoal? Alguma vitória para nossos filhos? Aquisição de bens pessoais? "Não tenho maior alegria", escreve João, "do que ouvir dizer que meus filhos andam na verdade". Paulo reflete exatamente a mesma atitude, e acrescenta: "é justo que eu assim pense de todos vós, porque vos trago no coração, seja nas minhas algemas, seja na defesa e confirmação do evangelho, pois todos sois participantes da graça comigo" (1:7). Provavelmente, isso foi escrito tendo como pano de fundo a influência estoica, que era cautelosa quanto a compromissos para toda a vida, especialmente se envolviam "as paixões". Fique tranquilo, não esteja nem aí, não se machuque. Mas não era assim com Paulo. "É justo que eu assim pense", Paulo insiste, apesar do que diz a cultura contemporânea, "tenho vocês em meu coração"; minha vida inteira e meu pensamento todo estão ligados a vocês.

As circunstâncias de Paulo não afetam seu carinho alegre e cheio de oração em favor dos crentes filipenses: "seja nas minhas algemas, seja na defesa e confirmação do evangelho" (1:7), ele terá o mesmo posicionamento. A cláusula poderia ser entendida de três modos: (1) quer eu esteja em cadeias, quer levado perante o tribunal, ou (2) quer eu esteja preso, quer liberto novamente para defender e articular o evangelho". De qualquer maneira, Paulo se alegra em lembrar-lhes: "Todos vocês são participantes comigo da graça de Deus" (1:7).

É tão forte seu desejo de que reconheçam como Paulo é dedicado a eles, que ele se coloca sob juramento: "Pois minha testemunha é Deus, da saudade que tenho de todos

26   O CRISTÃO VERDADEIRO

vós, na terna misericórdia de Cristo Jesus" (1:8). O significado disso não é que sem tal afirmativa ele poderia mentir, mas que ele está sob juramento para que os filipenses vejam a paixão de sua verdade, exatamente do mesmo modo que Deus por si jurou, na epístola aos Hebreus. Ali não é o caso que, de outro modo, Deus poderia mentir; mas sim, que Deus quer que creiamos (Hebreus 7:20-25). Assim, Paulo diz: *Minha testemunha é Deus* da saudade que tenho de todos vós nos ternos afetos de Cristo Jesus".

Aqui não vemos mero profissionalismo. Este não é um ato, uma exibição para fazê-los mais "ligados" ao apóstolo. Pelo contrário, é algo que borbulha repetidamente, que vem de dentro em todo o argumento de Paulo. Veja, por exemplo, no capítulo 4: "Portanto, meus irmãos, amados e mui saudosos, minha alegria e coroa, sim, amados, permanecei, deste modo, firmes no Senhor" (4:1). Tanto no exemplo de Paulo quanto no dos filipenses, temos de aprender este primeiro ponto: a comunhão do evangelho, a parceria ou cooperação do evangelho, deve ser central no nosso relacionamento com outros crentes. É esse o peso dos versículos iniciais. Paulo não os recomenda por ter passado bons tempos com eles, assistindo os jogos na arena. Não menciona seus grupos de discussão literária ou as excelentes refeições que eles lhe ofereceram, quando esteve junto deles, embora certamente eles tenham desfrutado de agradáveis tempos juntos. Mas, o que está no centro de todos os laços que tem com eles é essa paixão pelo evangelho, essa parceria no evangelho.

O que nos une? Sobre o que conversamos quando nos reunimos, mesmo depois do culto? Meros comentários

Ponha o evangelho em primeiro lugar   27
Filipenses 1:1-26

educados? O tempo? Esportes? Nossas carreiras e nossos filhos? Nossas dores e problemas?

Claro que nenhum desses assuntos deve ser excluído da conversa dos crentes. Ao compartilharmos toda nossa vida, essas coisas inevitavelmente surgirão. Mas, o que deve nos unir como cristãos é essa paixão pelo evangelho, essa comunhão no evangelho. Na superfície, nada mais é suficientemente forte para manter unida a forte diversidade de pessoas que fazem parte de muitas igrejas: homens e mulheres, jovens e idosos, trabalhadores e executivos, saudáveis e doentes, gordos e "sarados", raças diferentes, diferentes níveis de renda, níveis diferentes de estudo, personalidades diferentes. O que nos une? É o evangelho, a boa nova de que, em Jesus, o próprio Deus nos reconciliou consigo mesmo. Isto produz uma preciosa centralidade em Deus que partilhamos com outros crentes.

Isso significa que em nossas conversas, devemos regularmente compartilhar o evangelho; deleitarmo-nos em Deus, compartilhar uns com os outros o que estamos aprendendo da sua Palavra, unindo-nos em oração pelo avanço do evangelho (não menos na vida daqueles a quem estivemos testemunhando), encorajando uns aos outros na obediência e no discipulado que nos amadurece, levando os fardos uns dos outros, e crescendo em amor que sacrifique a si mesmo pelo próximo, por amor de Cristo.

Em suma, temos de colocar em primeiro lugar o evangelho. Isso significa que devemos colocar a comunhão do evangelho no centro de nossos relacionamentos com crentes como nós.

Ponha as prioridades do evangelho no centro de sua vida de oração (1:9-11)

Já no verso 4, Paulo insistia que quando orava pelos filipenses, ele o fazia com alegria e gratidão. Agora ele dá o conteúdo de suas orações por eles: "E também faço esta oração: que o vosso amor aumente mais e mais em pleno conhecimento e toda a percepção, para aprovardes as coisas excelentes e serdes sinceros e inculpáveis para o Dia de Cristo, cheios do fruto de justiça, o qual é mediante Jesus Cristo, para a glória e louvor de Deus" (1:9-11).

Isso é formidável. A oração de Paulo reflete as prioridades do evangelho. Observe três características nessa oração.

Primeiro, Paulo ora para que o amor dos filipenses "seja abundante mais e mais". Ele não oferece objeto específico. Não diz "que seu *amor a Deus* aumente mais e mais" ou "que seu amor *uns pelos outros* aumente mais e mais". Suponho que ele deixe em aberto exatamente porque não quer restringir sua oração a um ou outro. Do ponto de vista cristão, o amor crescente por Deus tem de ser refletido no amor ao próximo (veja 1João 5:1). Por mais maravilhosa que tenha sido esta congregação, por mais fiel que ela tenha sido em seu amor pelo apóstolo Paulo, ele ora para que seu amor cresça mais e mais.

Segundo, o que Paulo tem em mente não é apenas sentimentalismo ou o ímpeto de prazer gerado, por exemplo, numa grande conferência. Oro para "que o vosso amor aumente mais e mais em *pleno conhecimento e toda a percepção*". O tipo de amor de que Paulo fala é um amor que se torna conhecedor. Claro que Paulo não está se referindo a qualquer tipo de conhecimento. Não está ansiando por

Ponha o evangelho em primeiro lugar
Filipenses 1:1-26

eles aprenderem mais sobre a física nuclear ou sobre as tartarugas. Ele tem em mente o conhecimento de Deus: ele quer que desfrutem da percepção das palavras e das ações de Deus, e, assim, aprendam como viver à luz delas.

É evidente que ele subentenda que não se pode crescer no conhecimento de Deus, se estiver cheio de amargura ou outros pecados egocêntricos. Existe um elemento moral no conhecimento de Deus. Claro, uma pessoa pode memorizar as Escrituras ou ser professor de escola dominical, ou ser graduado em teologia de um seminário ou faculdade teológica, mas isso não significa necessariamente que esteja crescendo no conhecimento de Deus e obtendo percepção nos seus caminhos. Tal crescimento requer uma diminuição em nossa característica de autocentrismo. Em termos positivos, isso exige um aumento em nosso amor: amor a Deus e ao próximo.

Assim como o conhecimento de Deus e de sua Palavra serve como incentivo ao amor cristão, assim também o amor é necessário para um conhecimento mais profundo de Deus, pois é excessivamente difícil desenvolver-se no caminho cristão em apenas um aspecto; O cristão não pode dizer: "Vou melhorar minha vida de oração, mas não a minha moralidade", ou "Vou crescer no amor ao próximo, mas não na pureza ou no conhecimento de Deus". Não consegue. A vida cristã abarca todas as facetas de nossa existência. Todo nosso viver e fazer, pensar e falar devem ser desenvolvidos em alegre submissão a Deus e a seu Filho Jesus, nosso Salvador.

Assim, se Paulo ora para que o amor dos filipenses cresça cada vez mais, ele acrescenta depressa: "em pleno conhecimento e toda a percepção".

30 O CRISTÃO VERDADEIRO

Terceiro, para Paulo esta oração tem ainda outra finalidade. Ele levanta esses pedidos a Deus, e diz aos filipenses "para aprovardes as coisas excelentes e serdes sinceros e inculpáveis para o Dia de Cristo" (1:10). Está claro que ele não deseja que os filipenses se satisfaçam com mediocridade. Num mundo caído, ele não pode se satisfazer com as coisas do jeito que estão, o *status quo*. Ele quer que os crentes prossigam, se tornem cada vez mais criteriosos, provando *por experiência própria aquilo que é melhor*. Quer que busquem o que é melhor no conhecimento de Deus, o que é melhor no relacionamento com os outros crentes, o que é melhor na alegre obediência. Enfim, ele deseja a perfeição: ora, para que eles sejam "sinceros e inculpáveis para o Dia de Cristo Jesus".

Esta não é uma oração idólatra. Para algumas pessoas, claro, isso poderia tornar-se exatamente isso. Para os perfeccionistas, a perfeição, pelo menos em algumas áreas em que eles conseguem exceler, torna-se uma mania, até mesmo um grande ídolo. Mas não é este o caso com Paulo. A excelência pela qual ele ora, para si e para os outros, é desenvolvida no versículo 11: cheios do fruto de justiça, o qual é mediante Jesus Cristo, para a glória e louvor de Deus". Além do mais, nada disso é permitido simplesmente para aumentar nossa própria reputação — pois é triste dizer, algumas pessoas estão mais interessadas na reputação de santidade e excelência do que em serem realmente santas e excelentes. Mas todas essas alternativas mesquinhas são descartadas no comentário seguinte de Paulo: a sua oração é oferecida "para a glória e louvor de Deus" (1:11).

É por isso que Paulo ora. Só leva um momento de reflexão para perceber que todos esses pedidos são centrados

Ponha o evangelho em primeiro lugar
Filipenses 1:1-26

no evangelho. São orações *no evangelho*. São orações feitas para que a obra do evangelho avance na vida dos crentes de Filipos. E, ao pedir que deem frutos do evangelho em suas vidas, o propósito máximo de suas petições será dar glória ao Deus que os redimiu.

Como é que tais petições figuram nas nossas orações? Quando foi a última vez que você orou para que seus irmãos em Cristo, da sua congregação, abundem em amor cada vez maior, e no conhecimento e profundidade do entendimento, para que discirnam as melhores coisas e as provem em sua própria experiência, sendo cheios dos frutos de justiça para a glória de Deus?

Pelo *que você* ora? Graças a Deus, alguns oram segundo essas linhas, mas muitos de nós dedicamos grande parte de nossas orações, em particular e em público, a questões pessoais, em sua maioria removidas dos interesses do evangelho: nossas hipotecas, segurança física, saúde, emprego para nós ou para outra pessoa. Sem dúvida, essas coisas e centenas de outras são assunto legítimo para as orações. Afinal, servimos a um Deus que disse para lançarmos sobre Ele *todas* as nossas ansiedades, porque Ele cuida de nós (1Pedro 5:7). Mas, onde está nosso foco evangélico? Leia as cartas de Paulo e copie as suas orações. Pergunte-se pelo que ele ora? Observe como são a maioria de suas petições, consistentes e relacionadas ao evangelho. E nós, estamos sendo fiéis às Escrituras, quando nossas orações não o são?

Ponha o evangelho em primeiro lugar. Isso significa que você deverá colocar as prioridades do evangelho no centro de sua vida de oração.

O CRISTÃO VERDADEIRO

Ponha o avanço do evangelho no centro de suas aspirações (1:12-18a)

É notável o fluxo do argumento de Paulo. Aparentemente, alguns de seus críticos achavam que Paulo havia se colocado numa situação muito ruim, ao se permitir ser preso. Se, como é provável, ele estivesse escrevendo da prisão em Roma, ele estaria aguardando o julgamento diante do Imperador, e estaria nessa situação porque ele mesmo apelou para o imperador (Atos 26). É fácil imaginarmos o raciocínio por trás dos críticos de Paulo. Dependendo do resultado do caso, o apelo de Paulo poderia causar uma má reputação ao cristianismo. Paulo estava constantemente batendo de frente nas coisas, quando uma cabeça mais fria, mais sensata, seria mais cautelosa. Por que, afinal de contas, ele tinha de subir a Jerusalém, onde seria preso? Ele sabia o quanto o povo ali o desprezava. Certamente havia outro caminho melhor.

Paulo, porém, tinha poucos arrependimentos. "Quero ainda, irmãos, cientificar-vos de que as coisas que me aconteceram têm, antes, contribuído para o progresso do evangelho" (1:12). É isso o que importa para ele — não o próprio conforto, mas o avanço do evangelho. Ele oferece duas razões em defesa disso:

Primeiro, ele ter sido preso em Roma resultou em que toda a guarda pretoriana ouviu dizer que foi encarcerado por amor de Cristo: "de maneira que as minhas cadeias, em Cristo, se tornaram conhecidas de toda a guarda pretoriana e de todos os demais" (1:13). Porque toda a Guarda Pretoriana, em toda sua força, tinha perto de nove mil homens. Muitos comentaristas protestam ironicamente que certamente nove

Ponha o evangelho em primeiro lugar
Filipenses 1:1-26

mil soldados não poderiam ser marcados para guardar a Paulo, para que todos eles pudessem ouvir pessoalmente o seu testemunho. Com certeza, isso seria uma referência hiperbólica a um pequeno destacamento da guarda. Mas, a referência de Paulo a "toda a guarda pretoriana" provavelmente teria uma explicação mais simples. Paulo provou ser prisioneiro tão extraordinário, e seu testemunho tão empolgante, que as histórias sobre ele circularam rapidamente. Não é que cada um dos soldados do palácio tivesse revezado na guarda de Paulo, e ouvido dos seus próprios lábios a história; mas todo soldado que era designado para esse dever ouvia o evangelho e, talvez, o seu testemunho pessoal, e passava a contar aos outros. Paulo não era um criminoso comum, nem culpado de crime de "colarinho branco". Em vez de protestar sua inocência ou avaliar suas chances de impressionar a corte de César, ele gastava o tempo falando a respeito de um judeu de nome Jesus, que fora crucificado na extremidade oriental do Mediterrâneo e (se acreditassem em Paulo) ressuscitara dos mortos. De acordo com este prisioneiro, esse Jesus não será apenas nosso juiz no último dia, mas é a única esperança que qualquer pessoa tem de ser aceito por Deus: pela fé nesse Jesus. Em suma, Paulo estava sendo um prisioneiro tão extraordinário, que as histórias a seu respeito começavam a circular pelo palácio — não só histórias sobre ele, mas a história do evangelho. E isso, Paulo insiste, é algo maravilhoso. Houve um avanço na circulação do evangelho por ele estar em cadeias.

Há uma segunda razão pela qual Paulo insiste que seu encarceramento avançou o evangelho: "e a maioria dos

34 O CRISTÃO VERDADEIRO

irmãos, estimulados no Senhor por minhas algemas, ousam falar com mais desassombro a palavra de Deus" (1:14). Um bafejar de perseguição, às vezes, fortalece a espinha dorsal de cristãos que, de outra forma, estariam intimidados. Leitores mais idosos destas páginas se lembrarão dos cinco missionários formados pela faculdade de Wheaton, nos anos de 1950, que perderam suas vidas em seu esforço para alcançar os índios Auca para o evangelho. Um dos muitos resultados não previstos foi o alto número de graduados de Wheaton que, nas décadas seguintes, ano após ano, se ofereceram para o serviço missionário. Por causa da morte dos "cinco" pelos Aucas, muitos foram estimulados no Senhor a falar com desassombro a Palavra de Deus".

No entanto, Paulo é também realista. Reconhece que nem toda consequência de sua prisão foi rosada em todos os aspectos.

> Alguns, efetivamente, proclamam a Cristo por inveja e porfia; outros, porém, o fazem de boa vontade; estes, por amor, sabendo que estou incumbido da defesa do evangelho; aqueles, contudo, pregam a Cristo, por discórdia, insinceramente, julgando suscitar tribulação às minhas cadeias. Todavia, que importa? Uma vez que Cristo, de qualquer modo, está sendo pregado, quer por pretexto, quer por verdade, também com isto me regozijo, sim, sempre me regozijarei (1:15-18).

Quem seriam esses pregadores curiosos que "pregam a Cristo por inveja ou discórdia", pelos motivos mais esdrúxulos? É importante reconhecer que esses não são hereges; ou

Ponha o evangelho em primeiro lugar
Filipenses 1:1-26

seja, não estão pregando "outro Cristo" ou "outro evangelho" que não seja o verdadeiro evangelho. Quanto aos que pregam algum "evangelho" que não seja o dos apóstolos, que sejam anátema; diríamos que são condenados por Deus (veja Gálatas 1:8-9). Essas questões são sérias demais para brincadeira com tal pluralismo. Os que pregam "outro Jesus" são falsos apóstolos, e a igreja não deve dar ouvidos a eles (2Coríntios 11:4,13-15). Então, Paulo não está propenso a recomendar todo pregador que demonstre alguma piedade e pregue a Jesus. Ele quer saber que Jesus está sendo pregado. Temos de perguntar constantemente: o Jesus que estão apresentando é o Jesus dos Mórmons, ou dos Testemunhas de Jeová, ou o Jesus liberal, naturalista ou do evangelho de saúde e prosperidade? Ou é o Jesus bíblico?

O fato de que Paulo pode oferecer um elogio torto a esses pregadores mostra que eles não são hereges, não são perigosos falsos mestres. Se fossem, Paulo os teria exposto como tais. Esses pregadores a que Paulo se refere, aqui, são de outra laia. Eles propõem o verdadeiro evangelho; mas, às vezes, o fazem pelos mais estranhos motivos. Neste caso, as pessoas que Paulo tem em mente são as que se encontram por trás do versículo 12. Que acham que Paulo prejudicou a causa cristã ao se colocar em posição de ser aprisionado. Provavelmente, eles engrandecem o próprio ministério rebaixando o de Paulo. Podemos imaginar as suas reflexões pomposas: "É triste que um grande homem como Paulo tenha desperdiçado suas oportunidades simplesmente por ser tão inflexível. Afinal, eu e muitos outros conseguimos permanecer livres e pregar o evangelho. Devo assumir que

36 O CRISTÃO VERDADEIRO

Paulo tenha uma grande falha de caráter que o coloca em posição de problemas. *O meu* ministério está sendo abençoado, enquanto ele definha na cadeia". Assim, quanto mais eles falam, mais tentam justificar seu comportamento e fazer Paulo parecer tolo.

Como Paulo trata disso? Ele se sente ferido? Sem dúvida, ele tem sentimentos como qualquer pessoa. Mas é um homem de profundos princípios, e percebe que, quer por pregadores desse tipo, quer por pregadores alinhados com o pensamento de Paulo, o evangelho está sendo difundido. Isto é mais importante para Paulo do que conseguir a admiração universal da igreja. Ele pode dizer: "Todavia, que importa? Uma vez que Cristo, de qualquer modo, está sendo pregado, quer por pretexto, quer por verdade, também com isto me regozijo, sim, sempre me regozijarei" (1:18).

É impressionante e claro esse exemplo de Paulo: coloque o avanço do evangelho no centro de suas aspirações. Nosso conforto próprio, nossos sentimentos feridos, nossa reputação, nossas motivações mal interpretadas — tudo isso é insignificante em comparação com o avanço e esplendor do evangelho. Como cristãos, somos chamados a colocar o avanço do evangelho no cerne de todas as nossas aspirações.

Quais são suas aspirações? Ganhar dinheiro? Casar-se? Viajar? Ver os netos crescerem? Encontrar um novo emprego? Aposentar-se cedo? Todas essas coisas são aceitáveis e nenhuma deve ser desprezada. Mas a questão é se essas aspirações tornam-se devoradoras do desejo central do cristão, espremendo-o para um pequeno canto periférico ou sufocando-o totalmente para fora da sua existência.

Ponha o evangelho em primeiro lugar
Filipenses 1:1-26

Lembro-me de um crente que encontrei há alguns anos que sempre dava a mesma resposta, quando lhe perguntavam sobre a questão vocacional: "O que você faz?" Invariavelmente, ele respondia: "Sou cristão". "Sim, mas eu não perguntei a sua religião. Perguntei o que você faz?". "Sou cristão". "Quer dizer que você está em um ministério vocacional?". "Não, não estou em ministério por vocação; sou cristão de tempo integral".

"Mas o que você faz *vocacionalmente*?".

"Ah, minha vocação. Bem, sou cristão de tempo integral, mas sou açougueiro de porco para pagar as despesas".

Em certo nível, claro, a resposta que ele deu era um tanto perversa. Além do mais, no universo de Deus, todas as vocações moralmente boas e de trabalho útil são honráveis e não devem ser descartadas como de importância marginal. Quer seja empacotar carne de porco, quer seja escrever programas de computação, quer assar tortas, quer trocar as fraldas de uma criança, devemos oferecer nosso trabalho a Deus. Somos dele, e tudo que dizemos e fazemos, incluindo nosso trabalho, deve ser oferecido para a glória de Deus e o bem das pessoas. Mas, insistindo nesse ponto, existem alguns elementos daquilo que fazemos que são ligados mais diretamente ao evangelho do que outros. Algumas coisas que fazemos, e apenas algumas coisas, têm significado direto e eterno.[1] Como o apóstolo preserva as prioridades do

---

1 Talvez o termo "direto" não seja o mais feliz, mas no momento não consigo pensar numa palavra melhor. Poderíamos dizer que empacotar carne de porco para a glória de Deus tem significado eterno *indireto*, em que honra o Deus eterno e nos prepara para a eternidade. Mas isso não tem o mesmo *significado eterno direto* que, por exemplo, evangelismo que frutifica ou a intercessão em oração que prevalece.

38 O CRISTÃO VERDADEIRO

evangelho em suas orações, ele também as preserva em suas aspirações. Devemos fazer o mesmo.

Em boa parte do evangelicalismo ocidental, existe uma tendência preocupante de enfocar o que é periférico. Tenho um colega no departamento de missões de Trinity cuja análise de sua própria herança é de bastante ajuda. Dr. Paulo Hiebert trabalhou na Índia durante anos, antes de retornar aos Estados Unidos para lecionar. Ele vem de origem menonita, e analisa a sua herança conforme ele mesmo reconhece como uma caricatura um tanto simplista, ainda que útil. Uma geração de menonitas acreditava no evangelho e ainda adotava certos costumes sociais, econômicos e políticos. A geração seguinte assumia o evangelho, mas se identificava mais com os costumes. A geração seguinte negava o evangelho; e os "costumes" tornaram-se tudo. Presumindo esse tipo de esquema no evangelicalismo, suspeita-se que grandes fileiras do movimento estão alojadas no segundo estágio, com algumas já sendo levadas ao terceiro.

O que precisamos perguntar uns aos outros é: O que é que o empolga, na fé cristã? O que consome o seu tempo? O que o deixa "ligado"? Hoje existem inúmeros subgrupos de cristãos confessos, que investem enorme quantidade de tempo e esforço em uma ou outra questão: aborto, pornografia, educação no lar, ordenação feminina (pró ou contra), justiça econômica, determinado estilo de culto, defesa de determinada tradução da Bíblia, e muito mais. A lista é variada conforme o país, mas não são poucos os países com uma agenda cheia de exigências periféricas urgentes. Não estou sugerindo que não devamos pensar nessas coisas ou colocar

Ponha o evangelho em primeiro lugar   **39**
Filipenses 1:1-26

o peso sobre algumas delas, mas quando tais questões devoram a maior parte do nosso tempo e nossa paixão, cada um de nós deve se perguntar: de que maneira estou confessando a centralidade do evangelho?

Esse não é um pedido sutil por um evangelho desnudo, um evangelho meramente privatizado, um evangelho sem implicações sociais. Somos sábios em reler os relatos sobre o Grande Despertamento Evangélico na Inglaterra e nos Estados Unidos e os ministérios de Howell Harris, George Whitefield, os irmãos Wesley, e outros. Lembramo-nos corretamente como no temor de Deus os seus convertidos lutaram para abolir a escravatura, reformar o código penal, dar início a sindicatos trabalhistas, transformar as prisões e libertar as crianças do trabalho nas minas. Toda a sociedade foi transformada porque homens e mulheres profundamente convertidos viram que a vida tem de ser vivida debaixo de Deus, de modo que o agrade. Mas, quase sem exceção, estes homens e mulheres colocavam o evangelho em primeiro lugar. Eram o povo do evangelho. Eles se alegravam nele, pregavam o evangelho, amavam a leitura da Bíblia e a exposição *cristocêntrica*, centrada no evangelho, e a partir dessa base se moviam para suas agendas sociais mais amplas. Não perceber tal prioridade significa que não estamos mais que uma geração distantes de negar o evangelho.

Pode ser que Deus tenha chamado você para ser dona de casa ou engenheiro, ou químico, ou cavador de fossas. Pode ser que você assuma um papel significativo em, digamos, o expandido campo da bioética. Mas, embora o evangelho afete diretamente como você desempenhará os seus deveres

40 O CRISTÃO VERDADEIRO

em cada caso, nenhum desses deverá deslocar o evangelho que é central para todo cristão pensante. Ponha o evangelho em primeiro lugar nas suas aspirações. Então, poderá suportar aflições, perseguições e até mal-entendidos e más representações da parte de outros cristãos. Dirá com Paulo: "Quero ainda, irmãos, cientificar-vos de que as coisas que me aconteceram têm, antes, contribuído para o progresso do evangelho" (Filipenses 1:12).

Temos, portanto, aqui, o terceiro ponto de Paulo: ponha o avanço do evangelho como centro das suas aspirações.

Ponha os convertidos pelo evangelho no centro de seus princípios de autonegação (1:18b-26)

Novamente, o fluxo do pensamento paulino é impressionante. Paulo acaba de declarar que se alegrará se Cristo for pregado (1:18a), mas isso não é a única fonte da alegria de Paulo, por mais maravilhoso que seja. Ele se apressa em acrescentar: "também com isto me regozijo, sim, sempre me regozijarei. Porque estou certo de que isto mesmo, pela vossa súplica e pela provisão do Espírito de Jesus Cristo, me redundará em libertação" (1:18b-19). Neste contexto, a "libertação" não significa sair da cadeia, mas algo mais importante: sua vindicação máxima, quer pela vida, quer na morte. Isso acontecerá mediante as orações que eles fazem; ou seja, devido às orações e consequente "provisão do Espírito de Jesus Cristo", Paulo será fiel a ponto de ser, no final, totalmente vindicado perante Deus. Fica claro, no versículo 20, que Paulo deseja ser encontrado fiel: segundo a minha ardente expectativa e esperança de que em nada serei envergonhado; antes, com toda a ousadia, como sempre, também agora, será Cristo engrandecido no meu corpo, quer pela vida, quer pela morte".

Portanto, a preocupação motriz de Paulo não é ser libertado da prisão ou, se tiver de morrer, que tenha uma partida relativamente indolor; mas que ele nada faça que possa envergonhar-se algum dia. Ele quer coragem para que Cristo seja exaltado "quer pela vida, quer pela morte" (1:20). Ele quer ouvir Cristo dizer "muito bem" no último dia. E solicita abertamente as orações do povo de Deus em Filipos, para que ele seja fortalecido tendo isto em vista.

Quase como se precisasse articular e defender a visão do que é realmente importante, Paulo resume os seus valores: "Porquanto, para mim, o viver é Cristo, e o morrer é lucro" (1:21). Neste contexto, "viver é Cristo" certamente quer dizer que Paulo continua vivendo como ministério; ministério centrado em Cristo, revestido de poder por Cristo, na presença de Cristo. Morrer é levar esse ministério à finalização. Mesmo assim, só há lucro porque o ministério não é um fim em si, e agora é engolido pelo glorioso deleite da presença deslumbrante do próprio Jesus exaltado.

O que se pode fazer com cristãos dessa estirpe? Matá-los? Simplesmente não se pode fazê-los calar. Para eles, Cristo significa tanto, que o evangelho lhes é central. Quanto a Paulo, não está em seu poder escolher entre servir aqui ou partir para estar com Cristo. Entre viver ou morrer, ser liberto da prisão para mais ministério do evangelho ou pagar o preço máximo — sendo assim liberto para a presença do Cristo exaltado. Suponha que ele *pudesse* escolher. O que faria? "Não sei!"

42 O CRISTÃO VERDADEIRO

(1:22b), ele admite com franqueza. Ou seja, ele não recebeu palavra do Senhor quanto ao que vai acontecer e, portanto, o que ele deveria escolher sob tais circunstâncias hipotéticas. "Ora, de um e outro lado, estou constrangido, tendo o desejo de partir e estar com Cristo, o que é incomparavelmente melhor. Mas, por vossa causa, é mais necessário permanecer na carne". "Permanecer na carne" para ele significa ser absolvido do tribunal imperial e liberto da prisão, pois então estaria livre para continuar seu ministério apostólico, para benefício dos filipenses e de outros.

O que nos surpreende na avaliação de Paulo é quão profundamente ele está conectado ao bem-estar dos outros crentes ao invés do seu próprio bem. Mesmo nisso, Paulo imita seu Mestre. "Convencido disto — convencido de que permanecer vivo será melhor para vocês — estou certo de que ficarei e permanecerei com todos vós, para o vosso progresso e gozo da fé..." (1:25). Melhor traduzido: "Sei que espero continuar com todos vocês para o seu progresso e sua alegria na fé"[2]. Mesmo esse progresso na fé, almejado por Paulo para os filipenses, é apresentado como uma causa para a sua alegria: "a fim de que aumente, quanto a mim, o motivo de vos gloriardes em Cristo Jesus, pela minha presença, de novo, convosco" (1:26).

A lição que aprendemos é surpreendentemente clara: ponha os convertidos pelo evangelho no centro de seus princípios de autonegação. O desejo mais profundo de Paulo para seu futuro imediato não era nem para o prazer de entrar

---

2 O tempo futuro no grego sinaliza expectação e não apenas algo que será realidade futura.

Ponha o evangelho em primeiro lugar **43**
Filipenses 1:1-26

pelos portais do céu, nem voltar a um ministério realizador e escapar das aflições da morte, mas o que era melhor para os convertidos. Muitas vezes, somos tentados a avaliar as alternativas e pensar no que será melhor para nós. Quantas vezes não colocamos como princípio maior o que é melhor para a igreja? Quando, por exemplo, enfrentamos oferta de emprego que nos leve para outra cidade ou uma doença mortal que conclame nossa intercessão diligente, quão rápido será nosso critério conforme o de Paulo: o que será melhor para a igreja? O que será melhor para meus irmãos em Cristo?

Existe uma espécie de ascetismo que francamente é idólatra. Algumas pessoas obtém um tipo de "elevação" espiritual com a autonegação. Mas a negação de si mesmo, quando motivada pelo bem espiritual do próximo, é de suma piedade. É o que Paulo demonstra.

Eis, portanto, o peso desta passagem: Ponha o evangelho em primeiro lugar, especificamente:

1. Ponha a comunhão do evangelho como centro do seu relacionamento com os crentes.
2. Ponha as prioridades do evangelho no centro de sua vida de oração.
3. Ponha o avanço do evangelho no centro de suas aspirações.
4. Ponha os convertidos do evangelho no centro de seus princípios de autonegação.

Ponha o evangelho em primeiro lugar. Irmãos e irmãs em Cristo, tal avaliação do evangelho não deveria ser exceção

44 O CRISTÃO VERDADEIRO

entre nós, mas a regra. Estamos falando das boas novas da reconciliação de pessoas perdidas com o Deus eterno. Estamos confessando o evangelho: O próprio Deus proveu um Redentor que morreu, o justo pelos injustos, para nos trazer a si mesmo. Sem este evangelho, estamos cortados, sem esperança neste mundo ou no porvir, e totalmente perdidos. Comparado às boas novas, o que mais poderia ser? Ponha o evangelho em primeiro lugar.

Lembro-me do que um cristão idoso disse a John G. Paton, no século passado, quando Paton planejava ir como missionário às ilhas do Mar do Sul: "Você será comido por antropófagos!".

Paton respondeu: "Sr. Dickson, agora o senhor está avançado em anos, e sua perspectiva própria é logo ser posto na sepultura, para ser comido por vermes. Eu lhe confesso que, se eu puder viver e morrer servindo e honrando ao Senhor Jesus, não faz diferença se eu for comido por canibais ou por vermes; no Grande Dia da ressurreição meu corpo se levantará tão belo quanto o seu, à semelhança de nosso Redentor ressurreto".[3]

> *Somente uma vida, e logo passará;*
> *Somente o que for feito para Cristo permanecerá.*

Ponha o evangelho em primeiro lugar.

---

3 *John G. Paton, Missionary to the New Hebrides: an Autobiography Edited by His Brother*, ed. James Paton (Nova Iorque: Revell, 1907; reproduzido por: Banner of Truth, Edimburgo, 1965), p. 56 (da edição reimpressa).

Capítulo 2

Enfoque a cruz
Filipenses 1:27—2:18

27 Vivei, acima de tudo, por modo digno do evangelho de Cristo, para que, ou indo ver-vos ou estando ausente, ouça, no tocante a vós outros, que estais firmes em um só espírito, como uma só alma, lutando juntos pela fé evangélica; **28** e que em nada estais intimidados pelos adversários. Pois o que é para eles prova evidente de perdição é, para vós outros, de salvação, e isto da parte de Deus. **29** Porque vos foi concedida a graça de padecerdes por Cristo e não somente de crerdes nele, **30** pois tendes o mesmo combate que vistes em mim e, ainda agora, ouvis que é o meu.

2:1 Se há, pois, alguma exortação em Cristo, alguma consolação de amor, alguma comunhão do Espírito, se há entranhados afetos e misericórdias, **2** completai a minha alegria, de modo que penseis a mesma coisa, tenhais o mesmo amor, sejais unidos de alma, tendo o mesmo sentimento. **3** Nada façais por partidarismo ou vanglória, mas por humildade, considerando cada um os outros superiores a si mesmo. **4** Não tenha cada um em vista o que é propriamente seu, senão também cada qual o que é dos outros.

46 O CRISTÃO VERDADEIRO

5 Tende em vós o mesmo sentimento que houve também em Cristo Jesus,

6 pois ele, subsistindo em forma de Deus, não julgou como usurpação o ser igual a Deus;

7 antes, a si mesmo se esvaziou, assumindo a forma de servo, tornando-se em semelhança de homens; e, reconhecido em figura humana,

8 a si mesmo se humilhou, tornando-se obediente até à morte e morte de cruz.

9 Pelo que também Deus o exaltou sobremaneira e lhe deu o nome que está acima de todo nome,

10 para que ao nome de Jesus se dobre todo joelho, nos céus, na terra e debaixo da terra,

11 e toda língua confesse que Jesus Cristo é Senhor, para glória de Deus Pai.

12 Assim, pois, amados meus, como sempre obedecestes, não só na minha presença, porém, muito mais agora, na minha ausência, desenvolvei a vossa salvação com temor e tremor; **13** porque Deus é quem efetua em vós tanto o querer como o realizar, segundo a sua boa vontade.

14 Fazei tudo sem murmurações nem contendas, **15** para que vos torneis irrepreensíveis e sinceros, filhos de Deus inculpáveis no meio de uma geração pervertida e corrupta, na qual resplandeceis como luzeiros no mundo, **16** preservando a palavra da vida, para que, no Dia de Cristo, eu me glorie de que não corri em vão, nem me esforcei inutilmente. **17** Entretanto, mesmo que seja eu oferecido por libação sobre o sacrifício e serviço da vossa fé, alegro-me e, com todos vós, me congratulo. **18** Assim, vós também, pela mesma razão, alegrai-vos e congratulai-vos comigo.

O que a cruz realizou? Por que ela ocupa lugar tão central na mente dos escritores do Novo Testamento? A Bíblia oferece muitas respostas maravilhosamente ricas a essas perguntas. Quero iniciar este capítulo delineando algumas. Será útil pensar sobre a cruz de diversas perspectivas, antes de examinar exatamente a passagem que temos diante de nós, para ver em que ela contribui para uma compreensão teológica da cruz. Tal exame da passagem ocupará este e o próximo capítulo. Neste, refletiremos sobre 2:5-11, e no próximo, no que precede e sucede a essa sessão (1:27-30; 2:1-4, 12-18). Mas primeiro, vamos olhar algumas perspectivas diversas sobre a cruz, extraídas da teologia do Novo Testamento.

Cinco perspectivas sobre a cruz

1. A perspectiva de Deus

Como a cruz parece para Deus?

Se fizermos essa pergunta a escritores contemporâneos, imediatamente somos envolvidos em várias disputas, até mesmo a respeito da tradução de uma palavra. Talvez possamos esclarecer tais questões, se fizermos um traçado leve sobre um desses argumentos.

Conforme 1João 2:2, os crentes possuem um Advogado junto ao Pai, Jesus Cristo o justo. Ele é a *propiciação* pelos nossos pecados. O que significa isso? A versão da Bíblia de Jerusalém diz: "Ele é a vítima de expiação pelos nossos pecados". O que significa essa mudança nas palavras? A questão é de importância crucial, se quisermos saber como Deus vê a cruz.

"Propiciação" é o ato mediante o qual Deus se torna "propício", ou seja, favorável àqueles que o ofenderam.

48 O CRISTÃO VERDADEIRO

Durante séculos, a igreja felizmente utilizou este termo. A cruz é o lugar, o evento, o sacrifício, pelo qual Deus se torna favorável ou propício para conosco, pobres pecadores. A cruz foi o lugar de propiciação onde Deus foi propiciado, sua ira foi satisfeita e mitigada. Mas, há uns sessenta anos tornou-se impopular falar sobre propiciação.

Dizia o argumento mais ou menos assim: Propiciação soa demais como sacrifício pagão. Nas culturas animistas, o alvo de muitos sacrifícios oferecidos a diversos espíritos e divindades era ganhar a sua aprovação — em suma, propiciá-los. Não queremos que os deuses da tempestade se irritem. Com certeza queremos que a divindade certa garanta a prosperidade da colheita, ou que sua esposa tenha um bebê forte, ou seu marido volte para casa em segurança depois da caçada pelo mato. Então, ofereciam-se sacrifícios prescritos aos espíritos, para com isso obter o seu favor. Fazia-se um ato de propiciação. Nesse modelo, os seres humanos são o sujeito, e eles propiciam aos deuses, que são os objetos desse ato.

Mas se esse modelo prevalecer, argumentam, como poderemos pensar na cruz como ato de propiciação? Na cruz, não são os seres humanos que oferecem um sacrifício para apaziguar a Deus. Longe disso: o próprio Deus é o sujeito, aquele que ama o mundo a ponto de enviar seu Filho (João 3:16). Ele inicia a ação; ele envia o próprio Filho como sacrifício. Como é que o sacrifício o propicia, quando foi ele que iniciou o sacrifício? De acordo com essa argumentação, temos de pensar na cruz, não como ato de *propiciação,* mas como ato de *expiação.* Ou seja, a cruz não é para tornar Deus favorável, porque Deus já é favorável ao mundo

Enfoque a cruz **49**
Filipenses 1:27—2:18

quebrantado, a ponto de enviar seu Filho amado. Pelo contrário, trata-se de cancelamento do pecado.

Tão logo foi apresentado esse argumento, surgiram objeções. Como dispensar a noção de propiciação à luz das muitas passagens bíblicas que falam da ira de Deus? Se Deus realmente tem ira devido a nosso pecado, se ele realmente tem ira, aquilo que remove essa ira é o que o propicia. Noutras palavras, não dá para fugir da noção de propiciação enquanto a Bíblia estiver falando sobre a ira de Deus. Dura coisa é cair sob a sua ira. O que tira a ira é a cruz. Jesus toma nosso castigo, e nós ficamos livres. A propiciação não deve ser anulada.

Essas novas vozes replicavam que, se formos reconciliar as passagens que falam da ira de Deus com as que falam que Deus amou o mundo a ponto de enviar seu único Filho, temos de entender a "ira" de Deus em termos impessoais. Nesse ponto de vista, a "ira de Deus" é apenas uma metáfora sobre os terríveis, contudo inevitáveis, resultados do pecado. Se você faz coisas erradas, resultam coisas más. É o jeito como Deus construiu o universo. Somente nesse sentido é que se podem traçar as coisas ruins que seguem a sua maldade, por mais indiretamente que sejam, até Deus. Mas o próprio Deus, eles defendiam, não pode ser visto como sendo pessoalmente irado. Como poderia ser, quando esse Deus, em amor, enviou o seu Filho quando nós éramos ainda pecadores?

As vozes tradicionais, porém, não puderam ser silenciadas. O novo ponto de vista que quer banir a propiciação simplesmente não leva a sério o pecado e a ira. Não é verdade

50 O CRISTÃO VERDADEIRO

que sempre que se fazem coisas erradas o resultado será um juízo impessoal. Algumas pessoas más conseguem fazer pecados horríveis e até mesmo prosperar por causa deles. A não ser que se tenha a visão de que Deus responde pessoalmente em juízo para cumprir a justiça, será terrivelmente ingênuo achar que um juízo impessoal sustentará a justiça. Além disso, nos poucos lugares da Bíblia onde a palavra tradicionalmente traduzida como "propiciação" se encontra, o contexto que a cerca é repetidamente a ira de Deus. Concedendo essa ligação, como poderemos dizer com responsabilidade que a ira de Deus nada mais é que o resultado inevitável e impessoal do mal. Poderíamos facilmente argumentar que o amor de Deus também seja impessoal e nada mais que o desempenho inevitável do bem! Todo esse conceito de Deus começa a flutuar e se afastar do teísmo bíblico para um *deísmo* totalmente não-bíblico.

E assim vai o debate. Muita tinta se derramou sobre essa questão. Mas uma parte desse debate é mal orientado, porque procura forçar uma separação das verdades bíblicas que a própria Bíblia une. Especialmente, a Bíblia insiste que Deus seja simultaneamente irado e cheio de amor. O que a Bíblia fala sobre a propiciação não pode ser entendido a não ser que compreendamos este ponto.

Na Bíblia, a ira de Deus é uma função da sua santidade. Sua ira ou zanga não é uma explosão de gênio ruim ou incapacidade crônica de restringir a sua irritação. É uma oposição ao pecado, justa e cheia de princípios. A santidade de Deus é de modo espetacularmente tão gloriosa que ela exige sua ira contra aquelas suas criaturas que o desafiam, desprezam suas

Enfoque a cruz 51
Filipenses 1:27—2:18

palavras e suas obras, e insistem em ser totalmente independentes — mesmo que todo sopro que respiram, sem falar de toda sua própria existência, dependa do cuidado providencial de Deus. Se Deus fosse olhar o pecado e a rebeldia, encolhesse os ombros e murmurasse: "Bem, eu não vou me incomodar. Posso perdoar essa gente. Na verdade não me importo com o que eles fazem", certamente haveria nisso algo moralmente deficiente. Deus não deveria se importar com os ultrajes de Hitler? Deus não deveria se importar com a nossa rebeldia, sua e minha? Se ele agisse assim, acabaria descartando o seu próprio significado, macularia sua própria glória, sujaria sua honra, mancharia sua própria integridade.

Por isso é que nas Escrituras, às vezes, Deus é retratado como extremamente irado. Além do mais, é importante que rejeitemos o chavão evangélico comum de que "Deus odeia o pecado, mas ama o pecador". Essa segunda parte pode ser verdade, mas como o clichê está, a antítese é fundamentalmente errada e claramente refutada pelas Escrituras. Por exemplo, por catorze vezes só nos primeiros cinquenta salmos, os textos insistem que Deus "odeia" os pecadores, "aborrece" aos mentirosos, e assim por diante.

É uma verdade gloriosa que, embora Deus se ire conosco, por seu próprio caráter ele é Deus de amor. A despeito da sua ira em ver nossa anarquia — ira que é função necessária da sua santidade — Deus é um Deus amoroso que provê, portanto, um meio para perdoar o pecado, e que manterá imaculada a integridade da sua glória. Ele vem a nós na pessoa de seu Filho. O seu Filho morre como propiciação por nossos pecados, ou seja, morre para garantir que Deus

52 O CRISTÃO VERDADEIRO

se torne favorável a nós exatamente nas mesmas áreas em que Deus se opôs a nós em juízo e ira. Mas isso é bem diferente da propiciação pagã, pois o próprio Deus é quem proveu o sacrifício. Na propiciação pagã, conforme vimos, nós oferecemos os sacrifícios e os deuses são apaziguados. Por contraste, na Bíblia, Deus é tanto a origem quanto o objetivo do sacrifício propiciador. Ele o provê enviando seu Filho até a cruz; contudo, ao mesmo tempo, o sacrifício satisfaz a sua honra, e a sua justa ira na cruz é desviada de nós, sem que sua santidade seja impugnada.

Muito disso é resumido em outra carta de Paulo: "a quem Deus propôs [Jesus], no seu sangue, como propiciação, mediante a fé, para manifestar a sua justiça, por ter Deus, na sua tolerância, deixado impunes os pecados anteriormente cometidos; tendo em vista a manifestação da sua justiça no tempo presente, para ele mesmo ser justo e o justificador daquele que tem fé em Jesus" (Romanos 3:25-26). Observe como ele repetidamente insiste que Deus enviou o próprio Filho à cruz "para demonstrar a sua justiça" — não apenas para nos salvar, mas demonstrar sua justiça — como também ser aquele que justifica aos que têm fé em seu Filho. É a cruz que une o amor de Deus e sua perfeita santidade.

Às vezes, a poesia expressa isso melhor do que a prosa:

> Na Divindade o amor expande conceitos dos homens.
> Não parece amor quando permite nossa plena medida de
>   ódio,
> Parecem tardes demais as promessas de juízo em eras além.
> Onde está o amor de Deus quando o desgraçado
> é repetidas vezes desgraçado?

A absoluta santidade se posta longe de nosso conhecimento,
Ou em brilho tão estranho que parece frustrar,
Ou em ofuscante brilho, ou as ricas glórias abater,
Esmaecendo em névoas, quando a distância parece demais
para consertar.
Permanece um lugar onde se encontram esse amor e essa
santidade,
Misturando medidas poéticas sem refugo verbal.
Símbolo de santidade pura, justiça sem derrota,
Juntada ao amor sem limites,
a dura, horrenda cruz se põe de pé.

Pelo menos é essa uma das formas que Deus olha para a cruz.

2. A perspectiva de Cristo

Aqui também, muitas coisas poderiam ser ditas. Um dos grandes temas negligenciados sobre o que significa a cruz para o Filho está na obediência do Filho. Este tema surge com força na epístola aos Hebreus e no evangelho de João. Ali, aprendemos repetidamente que o Pai envia e o Filho vai; o Pai comissiona e o Filho obedece. O Filho sempre faz o que agrada o Pai (João 8:29). A mais surpreendente comissão que o Pai dá ao Filho é ir até a cruz para redimir uma raça de rebeldes. O Filho sabe que esta é a missão que lhe foi dada. Jesus insiste que "não veio para ser servido, mas para servir e dar a sua vida em resgate por muitos" (Marcos 10:45). Mas o conhecimento dessa missão que ele recebeu não tornou mais fácil a sua obediência. Ele teve de enfrentar o Getsêmani e a cruz, com uma agonia de intercessão caracterizada pela repetição do pedido: "não seja o que eu quero, e sim o que tu queres" (Marcos 14:36).

Assim, a cruz para Jesus não foi apenas o meio pelo qual ele se sacrificou, o justo pelos injustos, para nos levar a Deus (1Pedro 3:18). Foi também o ápice de sua obediência irrestrita ao Pai celestial. Este ponto é referido na passagem que temos diante de nós: "a si mesmo se humilhou, tornando-se obediente até a morte e morte de cruz" (Filipenses 2:8).

3. A perspectiva de Satanás

Apocalipse 12 é um dos mais importantes capítulos do Novo Testamento para a compreensão da perspectiva de Satanás quanto à cruz. Ali o diabo é mostrado como totalmente enraivecido porque foi banido do céu e sabe que seu tempo é curto. Ele não conseguiu esmagar Jesus, então ele explode sua ira sobre a igreja. Ele é o "acusador dos irmãos", querendo simultaneamente turvar as suas consciências e acusar a Deus de impiedade, porque Deus aceita esses tão miseráveis pecadores. Mas nos é dito que nós crentes vencemos a Satanás "por causa do sangue do Cordeiro e por causa da palavra do testemunho que deram" (Apocalipse 12:11) — referência nada ambígua à cruz. O que isso significa?

É claro que isso significa que estes crentes fogem das próprias acusações de Satanás, quer em suas mentes ou consciências, quer diante do tribunal da justiça de Deus, porque apelaram imediatamente para a cruz. Cantam com plena convicção e gratidão as maravilhosas palavras:

Não trago em minha mão trabalho ou penar
Somente me agarro à tua cruz.[4]

Augustus M. Toplady,
Rock of Ages, Cleft for Me (Rocha eterna)

Diante de tal apelo, Satanás não tem réplica. Deus manteve a sua honra enquanto redimia uma prole rebelde. Podemos estar livres da culpa — tanto da culpa objetiva diante de um Deus santo, quanto da culpa subjetiva de estarmos conscientes de nossa culpa — não porque nós mesmos não tenhamos culpa, mas porque Jesus "carregando ele mesmo em seu corpo, sobre o madeiro, os nossos pecados, para que nós, mortos para os pecados, vivamos para a justiça; por suas chagas, fostes sarados" (1Pedro 2:24).

Imagine na primeira Páscoa, logo antes do êxodo. Sr. Calebe e Sr. Abner, dois hebreus renomados, estão falando dos acontecimentos extraordinários das últimas semanas ou meses.

Sr. Calebe pergunta a Sr. Abner: "Você já aplicou o sangue do cordeiro nas vergas e no umbral da porta na entrada da sua casa"?

"Claro", responde Sr. Abner. Eu segui exatamente as instruções de Moisés".

"Eu também", afirma o Sr. Calebe. Mas tenho de admitir que estou um pouco nervoso. Meu filho Benjamin significa tudo para mim. Se, como disse Moisés, o anjo da

---

4 A tradução em português de Rocha Eterna no Hinário Novo Cântico diz: "Rocha eterna, meu Jesus, quero em ti me refugiar! O teu sangue lá na cruz derramado em meu lugar, traz as bênçãos do perdão, gozo paz e salvação", e o HCC, mais pobre ainda, diz: "Rocha Eterna, foi na cruz que morreste tu, Jesus; Vem de Ti um sangue tal que me limpa todo mal".

56   O CRISTÃO VERDADEIRO

morte passar pela terra hoje à noite, levando todos os primogênitos da terra — não sei o que eu faria se o Benjamin morresse".

"Mas aí é que está a questão. Ele não vai morrer. É por isso que você aspergiu o sangue nos umbrais e nas vergas. Moisés disse que quando o anjo da morte vir o sangue ele 'passará por cima' da casa, para que ela seja protegida, e o primogênito estará seguro. Por que está preocupado?"

"Eu sei, eu sei" — bufa o Sr. Calebe, um tanto irritado. "Mas você tem de admitir que têm acontecido umas coisas muito esquisitas por aqui ultimamente. Algumas das pragas só afetaram os egípcios, claro, mas algumas coisas nos atingiram também. A ideia de que meu Benjamin estivesse em perigo me perturba muito".

Um pouco sem compaixão, Sr. Abner responde: "Não posso imaginar por que você está aflito. Afinal de contas, eu também tenho um filho e acho que o amo tanto quanto você ama o Benjamin. Mas estou completamente em paz; Deus prometeu que o anjo da morte passaria por cima de toda casa que estivesse com a porta marcada pelo sangue do jeito que ele prescreveu, e eu confio na sua palavra".

Aquela noite, o anjo da morte passou pela terra. Quem perdeu filho, Sr. Calebe ou Sr. Abner?

A resposta, claro, é *nenhum deles*. O cumprimento da promessa de Deus de que o anjo da morte simplesmente "passaria por cima" e não destruiria os primogênitos não dependia da intensidade da fé dos que ali habitavam, mas se haviam aspergido o sangue sobre a entrada de suas casas ou não. Em ambos os casos o sangue foi derramado, as casas foram marcadas; nos dois casos o filho primogênito foi salvo.

Assim também ocorre com aqueles que confiam em Cristo e sua obra na cruz em nosso favor. A promessa de libertação, a segurança de que somos aceitos pelo Deus Todo Poderoso, não está ligada à intensidade, consistência ou pureza de nossa fé, mas ao objetivo da nossa fé. Quando nos aproximamos de Deus em oração, nosso pedido não é por termos sido bons naquele dia, ou porque acabamos de participar de um culto cristão repleto de louvor, ou por nos esforçarmos mais, mas porque Cristo morreu por nós. Contra este apelo Satanás não tem resposta.

A verdade é que a cruz marcou a derrota de Satanás, e ele sabe disso. É isso que a cruz significa para ele.

4. A perspectiva do pecado

Claro que o pecado não é uma coisa viva. Assim, não se pode supor que o pecado tenha literalmente uma perspectiva. Mas é útil a categoria, mesmo que metafórica, para nos ajudar a ver o que a cruz alcançou com respeito ao pecado.

A resposta a essa pergunta é muito diversificada na Bíblia, porque podemos pensar de muitas maneiras a respeito do pecado. O pecado pode ser visto como uma dívida; devo algo que não tenho como pagar. Nesse caso, a cruz é o meio pelo qual a dívida foi paga. Às vezes, leio em cartões de natal o verso:

> Ele veio pagar uma dívida que ele não devia
> Porque nós devíamos uma dívida que não podíamos pagar.

58   O CRISTÃO VERDADEIRO

É exatamente isso. Foi o que a cruz atingiu.

O pecado também pode ser visto como uma mancha. Nesse caso, a sujeira é removida pela morte de Cristo. Ou o pecado é uma ofensa perante Deus; nesse caso, insistimos que a cruz expia o nosso pecado, o cancela e o remove. Mas, qualquer que seja a figura que usamos para mostrar a vileza e infâmia do pecado, a cruz é a solução, a única solução.

5. Nossa perspectiva

Aqui também, muitas coisas complementares poderiam ser destacadas. A cruz é o marco mais alto da demonstração do amor de Deus por seu povo. É a medida máxima da seriedade de nosso pecado e da segurança consoladora de que nossa culpa foi tratada e resolvida. No Novo Testamento, a cruz está ligada a muitas das palavras e conceitos mais importantes: justificação, santificação, dons do Espírito, surgimento do Reino.

Mas, no Novo Testamento, a cruz serve também como padrão de nosso comportamento. Talvez esse tema seja demonstrado de forma mais dramática, no Novo Testamento, pelo apóstolo Pedro, em sua primeira carta. Mas é também ponto cardeal feito por Paulo aqui: "Tende em vós o mesmo sentimento que houve também em Cristo Jesus" (Filipenses 2:5), escreve Paulo, e em seguida ele nos conduz até a cruz.[5]

---

5 Nas últimas décadas temos testemunhado o surgimento de outra interpretação de Filipenses 2, interpretação esta que encontrou guarida em muitos comentários. Estou persuadido que ela está errada, mas não posso tratar o assunto aqui. Um dos melhores tratamentos das questões exegéticas se encontra no comentário de Peter T.O'Brian, *The Epistle to the Philippians, New Intrernational Greek Testament Commentary* (Grand Rapids, Eerdmans, 1991), 186-271.

Embora a passagem diante de nós corra desde 1:27 até 2:18, não há dúvida de que a seção central está em 2:5-11. Veremos que isto não é só importante pelo que diz a respeito de Jesus e sua cruz, como também é o pensamento que controla os parágrafos à sua volta. Neste capítulo, enfoco estes versículos (2:5-11); no próximo, falarei dos parágrafos que o cercam.

Há pelo menos alguma evidência, embora seja disputada, de que esta passagem preserva um hino da igreja cristã primitiva. É por isso que a Nova Versão Internacional (NVI) coloca o texto em linhas poéticas. Algumas pessoas criticam essas linhas porque no grego não parecem muito bem como poesia. Lembra um poema humorístico:

> Havia um poeta do Japão
> Com poesia impossível de esquadrinhar.
> Quando lhe disseram que era assim
> Ele respondeu: Sei disso deveras,
> Porque na linha final tento espremer tantas palavras quantas
> poderá ser possível.

Seria injusto acusar o apóstolo Paulo de um desvio desse. Mas lembramos que a poesia grega, como a sua semelhante contemporânea, a poesia inglesa, consegue quebrar formas para causar efeito.

É possível que este hino (se hino for) seja mais antigo do que a carta aos filipenses e que, assim como Paulo faz citações do Antigo Testamento, e algumas vezes até mesmo autores pagãos, ele poderia ter adaptado esse hino. Outra alternativa seria que ele mesmo tivesse escrito toda a passagem, assim como de vez em quando eu coloco poesia como ilustração ou adorno a algum texto em prosa que escrevi. De qualquer modo, empregando essas linhas aqui, elas foram preservadas num escrito apostólico julgado canônico e, assim, foram transmitidas para a nossa edificação.

Esta grande passagem pode ser dividida utilmente em duas partes:

A autonegação do Filho (2:5-8)

O versículo 5 nos diz que nossa atitude deve ser a mesma que houve em Cristo Jesus, que, de modo indescritível, negou a si mesmo. Este é o tema da primeira parte desta passagem: "ele, subsistindo em forma de Deus, não julgou como usurpação o ser igual a Deus..." (2:6). Temos aqui dois elementos importantes para nossa compreensão das palavras iniciais.

Primeiro, as palavras "subsistindo em *forma* de Deus" não tratam precisamente da distinção entre essência e função que o mundo ocidental tanto gosta. A passagem não está dizendo exatamente que ele era a própria essência de Deus (o que ele é, na verdade), nem que funcionava como se fosse Deus (o que certamente seria uma forma chocante para se dizer, sendo quem é o Deus da Bíblia). A palavra usada é um sombreamento sutil de ambas essas ideias. No próximo versículo, aparece novamente: Jesus se esvaziou e "assumindo a forma de servo, tornando-se em semelhança de homens; e, reconhecido em figura humana" (2:7). Fica claro, neste último contexto, que Paulo não está apenas fazendo uma afirmação sobre ontologia, sobre a mera essência do ser. Jesus vive, age e funciona como um servo.

Enfoque a cruz
Filipenses 1:27—2:18

A ideia, então, é que Cristo Jesus começou, digamos, no modo de existência do próprio Deus, mas tomou sobre si o modo de existência do servo. Tal "modo de existência" de Deus abarca ambos, essência e função: ele desfrutava da verdadeira igualdade com Deus e tornou-se verdadeiro servo. É por isso que a segunda linha, no versículo 6, insiste que Jesus "não considerou como usurpação o ser igual a Deus", ou melhor, "Não considerou que a igualdade com Deus fosse algo da qual se aproveitasse", que se empregasse para sua própria vantagem. Pelo contrário, "ele se fez nada" e "tomou o modo e a postura de servo".

Segundo, a expressão inicial, tanto no grego quanto na nossa língua, é um pouco ambígua. A frase "subsistindo em forma de Deus" pode ser entendida de duas maneiras. Como concessão: embora ele fosse Deus da mesma natureza, tomou a forma de servo. Ou pode ser entendida de modo causal: porque era Deus em sua própria natureza, ele tomou a forma de servo. No todo, este último cabe melhor no contexto. O Filho eterno não considerava o seu status como Deus como algo que lhe desse oportunidade de conseguir tudo para ele mesmo. Em vez disso, a própria situação de ser Deus significava que ele não tinha nada a provar, nada para conseguir. Precisamente por ele ser um com Deus, um com a mesma espécie de Deus, ele "a si mesmo se esvaziou" e ofereceu, ofereceu e ofereceu.

Ele se fez nada. O que isso quer dizer? Traduzido literalmente, significa que "ele se esvaziou". Não que esvaziou-se de alguma coisa. Por exemplo, não é que ele se esvaziou da sua divindade, pois então não seria mais Deus. Nem mesmo

62 O CRISTÃO VERDADEIRO

se esvaziou dos atributos de sua divindade (embora esse ponto seja discutido), pois também deixaria de ser Deus. Um animal que bamboleia como pato ou porco espinho, tem os espinhos do ouriço, e em geral tem todos os atributos do ouriço ou porco espinho, é um porco espinho. Se tirar todos os atributos do ouriço, o que se tem não será um ouriço. De modo semelhante, se o Filho for despido de todos os atributos de sua divindade, é difícil ver como ele pode, em algum sentido significante, dizer-se Deus.

Na verdade, a expressão "se esvaziou", longe de significar que se esvaziou de algo, é idiomática: "ele entregou todos os seus direitos" ou expressões similares. Ele *se* esvaziou, por isso a expressão "esvaziou-se a si mesmo" da NVI. Claro, não foi feito literalmente nada, pois deixaria de existir, mas ele abandonou seus direitos; tornou-se nulo. Especificamente, Paulo nos diz, no versículo seguinte, que Jesus se tornou servo, um escravo. Essa é a característica definidora dos escravos: de muitas maneiras eles não são nada. Podem representar certa riqueza para seus proprietários, e podem ter algumas habilidades valorizadas. Mas não possuem direitos. São nada. Em contraste, o Filho eterno sempre possuiu todos os direitos da divindade. Era um com Deus. Mas, precisamente em razão disso, ele não considerou sua igualdade a Deus algo a ser explorado, mas tornou-se um *ninguém*:

> a si mesmo se esvaziou, assumindo a forma de servo, tornando-se em semelhança de homens; e, reconhecido em figura humana, a si mesmo se humilhou, tornando-se obediente até à morte e morte de cruz.
>
> Antes, a si mesmo se esvaziou, assumindo a forma de servo".

Paulo não diz, contudo, que Cristo trocou uma forma pela outra; não está dizendo que Jesus era Deus, desistiu de ser Deus, e em vez disso tornou-se escravo. Pelo contrário, sem jamais abandonar quem ele era originalmente, adotou o modo de existir de um escravo. Para tanto, "tornando-se em semelhança de homens; e, reconhecido em figura humana" (ele tornou-se homem). A ideia não é que ele ficou *parecendo* um ser humano, mas que ele realmente se tornou homem. Sempre foi Deus, mas agora é também um ser humano: "reconhecido em figura humana, a si mesmo se humilhou, tornando-se obediente até à morte e morte de cruz" (2:8).

É muito duro para nós, hoje em dia, ouvir as implicações das palavras empregadas por Paulo, porque a cruz se tornou para nós um símbolo domesticado. Muitas mulheres e não poucos homens usam cruzes no colo, ou penduradas nas orelhas. Nossos bispos penduram cruzes em seus pescoços. Nossos prédios possuem cruzes em suas torres, ou cruzes de madeira com luzes fluorescentes por trás. Alguns edifícios de igrejas mais antigas realmente foram construídas de maneira *cruciforme* e ninguém se choca com isso.

Suponhamos que se pusesse um afresco das sepulturas em massa do campo de concentração de Auschwitz em lugar de destaque num prédio de igreja. Todo mundo não ficaria horrorizado? No primeiro século, a cruz tinha esse tipo de valor simbólico. Os estudiosos têm examinado todas as vezes em que aparece a palavra "cruz" e expressões correlatas desde os tempos de Jesus, e mostram como "crucificação" e "cruz", invariavelmente, evocam os horrores das diversas formas de execução romana, mostrando a crucificação só podendo ser

64 O CRISTÃO VERDADEIRO

usada contra escravos, rebeldes e anarquistas; jamais poderia ser forma de execução de um cidadão romano, a não ser por sanção expressa do próprio imperador. A crucificação era considerada cruel demais — tanta vergonha havia nela, que não se podia mencionar em conversas educadas.

Mas aqui está Paulo, insistindo ousadamente que o Senhor Jesus Cristo, a quem ele serve — precisamente por ser esse tipo de Deus — tornou-se nulo, fazendo-se de fato escravo, tornando-se ser humano nesse processo, e se humilhou ainda mais, ao obedecer o Pai celestial morrendo a morte odiosa, revoltante da cruz, que era reservada apenas para inimigos públicos e a ralé do sistema de justiça criminal. Essa linguagem tem intento de chocar. Jesus morreu sobre uma *cruz!* Creio que foi W. H. Auden que escreveu as linhas:

> Só os que não possuem cicatriz, os superalimentados
> Se deleitam no evento verbal do Calvário.

A vindicação do Filho (2:9-11)

A segunda parte deste hino (se for mesmo hino) trata da vindicação do Filho. "Portanto", escreve Paulo — devido a seu autoesvaziamento, devido à sua obediência, devido à sua morte na cruz — "Pelo que também Deus o exaltou sobremaneira e lhe deu o nome que está acima de todo nome, para que ao nome de Jesus se dobre todo joelho, nos céus, na terra e debaixo da terra, e toda língua confesse que Jesus Cristo é Senhor, para glória de Deus Pai" (2:9-11). Temos aqui um resumo magnífico da aprovação do Pai e vindicação do Filho.

Enfoque a cruz 65
Filipenses 1:27—2:18

Quando Paulo diz que Deus deu a Jesus "o nome que está acima de todo nome", está dizendo muito mais que apenas uma "renomeação" pelo Pai. No mundo da antiguidade, os nomes eram mais do que rótulos práticos. Aqui significa que Deus designou a Jesus um nome que reflete o que ele realizou e reconhece quem ele é. Provavelmente, o "nome" a que Paulo se refere é "Senhor", e inevitavelmente este título traz consigo ecos de muitas passagens do Antigo Testamento. Em Isaías, Deus declara: "Eu sou o Senhor, este é o meu nome" (Isaías 42:8). No hebraico diz "Eu sou Yahweh". Deus é o Eterno, o Deus que se revela mediante seu nome pactual (Êxodo 3:14). Mas quando essa palavra hebraica foi traduzida para o grego, era simplesmente "Senhor" (Kurios). Jesus alcançou o mesmo "senhorio", esse mesmo status com o Pai, sobre todo o universo quebrado — não porque não houvesse sentido em que não o era antes, mas porque agora ele o realiza pela primeira vez como Deus-homem, o Redentor crucificado e ressurreto. Que o Novo Testamento cite Isaías 42 nesta questão é especialmente significativo, pois o conteúdo mostra que tal honra pertence somente a Deus: "Eu sou o Senhor, este é o meu nome; a minha glória, pois, não a darei a outrem, nem a minha honra, às imagens de escultura" (Isaías 42:8). Dar tal título a Jesus é equivalente a confessar a sua divindade — agora, porém, como Deus-homem triunfante, ressurreto que foi crucificado, e agora reina.

Não podemos deixar de recordar o ensino de Jesus no evangelho de João, que todos honrem o Filho assim como honram ao Pai (João 5:23). Todo joelho no céu e na terra, e

O CRISTÃO VERDADEIRO

debaixo da terra se dobrará a ele. Aqui também o linguajar de Isaías; mais uma vez, o contexto da passagem é pressuposta. Em Isaías 45, Deus declara:

> Olhai para mim e sede salvos,
> vós, todos os limites da terra;
> porque eu sou Deus, e não há outro.
> Por mim mesmo tenho jurado;
> da minha boca saiu o que é justo,
> e a minha palavra não tornará atrás.
> Diante de mim se dobrará todo joelho,
> e jurará toda língua.
> De mim se dirá: Tão-somente no Senhor
> há justiça e força;
> até ele virão e serão envergonhados
> todos os que se irritarem contra ele.
> Mas no Senhor
> será justificada toda a descendência de Israel
> e nele se gloriará.
>
> Isaías 45:22-25

Mais uma vez, as implicações de quem é Jesus, se tais palavras pudessem ser aplicadas sem hesitação a ele, são surpreendentes. Confessar que Jesus Cristo é Senhor, usando a expressão da passagem de Isaías ("perante mim todo joelho se dobrará") é uma descrição clara da divindade de Jesus Cristo. Contudo, assim mesmo, Jesus é distinto de Deus Pai. É *Deus* quem exalta Jesus ao lugar mais alto. Além disso, a confissão de que "Jesus Cristo é Senhor" é "para a glória de Deus Pai" (Filipenses 2:11). Alguns rudimentos do que

Enfoque a cruz **67**
Filipenses 1:27—2:18

mais tarde seria chamado de doutrina da Trindade se juntam numa passagem como esta.

Em nenhum momento essa passagem poderia ser usada para apoiar o universalismo, a ideia de que toda pessoa do mundo será, no final, salva. No trecho de Isaías 45, embora todos confessem que só Deus é força e justiça, e embora todo joelho se dobre, "serão envergonhados todos os que se irritarem contra ele" (Isaías 45:24). Aqui em Filipenses 2, todo joelho se dobra e toda língua confessa que Cristo é Senhor, mas não diz que toda língua que confessa ser Jesus Cristo Senhor o faz em submissão alegre. O texto promete que Jesus terá a última palavra, que ele será vindicado, que no final nenhuma oposição a ele permanecerá. Não haverá salvação universal. Haverá confissão universal, quanto a quem ele é. Isso significa que, ou nos arrependemos e pela fé o confessamos como Senhor agora, ou teremos de confessá-lo Senhor, em vergonha e terror, no último dia. Mas todos haveremos de confessá-lo!

Talvez você tenha conversado com alguém a respeito do Senhor Jesus, sendo repreendido nos termos seguintes: "Escute aqui, fico feliz que você acha que Jesus o ajudou. Se ele faz com que se sinta melhor, que lide melhor com os problemas e encontre significado na vida, fico feliz por você. Mas francamente, eu não preciso da sua religião. Gosto de você como amigo, mas se essa amizade vai a algum lugar, você e o seu Jesus têm de ficar longe de mim!".

O que você diz? Uma coisa que terá, mais cedo ou mais tarde, de admitir, e isso da maneira mais educada e gentil possível, é algo assim: "Você é meu amigo e não quero perder a sua amizade. Mas tenho de insistir que Jesus, sobre quem falo, não é alguma espécie de terapia personalizada. Jesus é quem o criou. Você deve tudo a ele. Um dia terá de prestar contas a ele de sua vida. Mais cedo ou mais tarde, todo joelho se dobrará — quer de alegria, quer de vergonha e terror. Não perceber isso já é sinal de estar horrivelmente perdido, e só ele pode ajudá-lo a escapar".

Noutras palavras, Paulo não está fazendo esta afirmação sobre um Jesus domesticado, facilmente marginalizado, psicologicamente privatizado, surpreendentemente higienizado, e meramente pessoal. Ele é um com Deus, contudo, morreu na cruz para nos redimir para si. Em outro lugar, Paulo insiste que todas as coisas foram feitas por ele e para ele (Colossenses 1:16). Agora, Paulo insiste que o Pai o vindicou na sua humilhação e seu sacrifício, e que todo joelho se dobrará perante ele.

Esta é uma passagem maravilhosa. A majestade divina sem precedentes se une ao imensurável sacrifício de si mesmo. Agora, Paulo insiste que vocês tenham a mesma atitude: "Tende em vós o mesmo sentimento que houve também em Cristo Jesus" (Filipenses 2:5). Na verdade, é sobre isso que tratam os parágrafos que cercam a este. É o que examinaremos no próximo capítulo.

Capítulo 3

Adote a morte de Jesus como texto de sua perspectiva
Filipenses 1:27—2:18

27 Vivei, acima de tudo, por modo digno do evangelho de Cristo, para que, ou indo ver-vos ou estando ausente, ouça, no tocante a vós outros, que estais firmes em um só espírito, como uma só alma, lutando juntos pela fé evangélica; **28** e que em nada estais intimidados pelos adversários. Pois o que é para eles prova evidente de perdição é, para vós outros, de salvação, e isto da parte de Deus. **29** Porque vos foi concedida a graça de padecerdes por Cristo e não somente de crerdes nele, **30** pois tendes o mesmo combate que vistes em mim e, ainda agora, ouvis que é o meu.

2:1 Se há, pois, alguma exortação em Cristo, alguma consolação de amor, alguma comunhão do Espírito, se há entranhados afetos e misericórdias, **2** completai a minha alegria, de modo que penseis a mesma coisa, tenhais o mesmo amor, sejais unidos de alma, tendo o mesmo sentimento. **3** Nada façais por partidarismo ou vanglória, mas por humildade, considerando cada um os outros superiores a si mesmo. **4** Não tenha cada um em vista o que é propriamente seu, senão também cada qual o que é dos outros.

70 O CRISTÃO VERDADEIRO

5. Tende em vós o mesmo sentimento que houve também em Cristo Jesus,
6 pois ele, subsistindo em forma de Deus, não julgou como usurpação o ser igual a Deus;
7 antes, a si mesmo se esvaziou, assumindo a forma de servo, tornando-se em semelhança de homens; e, reconhecido em figura humana,
8 a si mesmo se humilhou, tornando-se obediente até à morte e morte de cruz.
9 Pelo que também Deus o exaltou sobremaneira e lhe deu o nome que está acima de todo nome,
10 para que ao nome de Jesus se dobre todo joelho, nos céus, na terra e debaixo da terra,
11 e toda língua confesse que Jesus Cristo é Senhor, para glória de Deus Pai.
12 Assim, pois, amados meus, como sempre obedecestes, não só na minha presença, porém, muito mais agora, na minha ausência, desenvolvei a vossa salvação com temor e tremor; **13** porque Deus é quem efetua em vós tanto o querer como o realizar, segundo a sua boa vontade.
14 Fazei tudo sem murmurações nem contendas, **15** para que vos torneis irrepreensíveis e sinceros, filhos de Deus inculpáveis no meio de uma geração pervertida e corrupta, na qual resplandeceis como luzeiros no mundo, **16** preservando a palavra da vida, para que, no Dia de Cristo, eu me glorie de que não corri em vão, nem me esforcei inutilmente. **17** Entretanto, mesmo que seja eu oferecido por libação sobre o sacrifício e serviço da vossa fé, alegro-me e, com todos vós, me congratulo. **18** Assim, vós também, pela mesma razão, alegrai-vos e congratulai-vos comigo.

É difícil acreditar, mas existem pessoas que pensam que a doutrina é chata e irrelevante. É frequente esse erro de avaliação, porque a doutrina lhes foi apresentada

Adote a morte de Jesus como texto de sua perspectiva   71
Filipenses 1:27—2:18

de maneira chata e irrelevante. O contrário ocorre quando há intelectuais extremamente interessados em doutrina, do mesmo jeito que outros intelectuais se interessam por história européia do século 18, ou pelo ciclo de vida do salmão do oceano pacífico. Para esses, a doutrina não é nada prática — e nem deveria ser. É intrinsecamente interessante, mas não transforma a vida.

Paulo não se enquadra em nenhum desses estereótipos. Ele é capaz de pensamento teórico muito difícil, mas não se interessa na teoria pela teoria. Está interessado na vida toda, vivida para a glória e o louvor de Deus. Isso envolve conhecimento do que Deus disse e fez, mas esse conhecimento não se reduz a um conjunto de propostas a serem aprendidas, como a tabuada da multiplicação, apenas guardada para uso posterior. Por esta razão, em suas epístolas, Paulo se move rapidamente da verdade — verdade teológica, verdade a respeito de Deus e Cristo e o evangelho — para as implicações desta verdade na vida.

Há poucas passagens nas cartas de Paulo onde a ligação esteja mais clara do que nos versículos que temos diante de nós. O coro central de louvor a Cristo, em si, é uma passagem magnífica (2:6-11). A absoluta majestade divina se une ao sacrifício divino imensurável. Aqui há muito para encorajar à mais profunda reflexão cristológica, muito para convidar os cristãos a pensarem sobre como Cristo e sua cruz é apresentado, em relação a outros retratos do Novo Testamento dos mesmos grandiosos temas. Contudo, conforme vimos no capítulo anterior, Paulo introduz o louvor a Cristo com as palavras "Tende em vós o mesmo

72 O CRISTÃO VERDADEIRO

sentimento que houve também em Cristo Jesus" (2:5) — a sua atitude deve ser a mesma de Cristo Jesus. Noutras palavras, um alvo substancial do pensamento paulino em 2:6-11 é pastoral.

Na verdade, é sobre isso que estes parágrafos tratam: algumas das implicações da cruz para crentes que sigam a Cristo Jesus. Podemos resumir o argumento com os três pontos seguintes.

Somos chamados a não somente crer em Cristo, mas também sofrer por Ele (1:27-30)

Temos de começar reconhecendo como é importante para o apóstolo a conduta. "Vivei, acima de tudo, por modo digno do evangelho de Cristo, para que, ou indo ver-vos ou estando ausente, ouça, no tocante a vós outros, que estais firmes em um só espírito, como uma só alma, lutando juntos pela fé evangélica" (Filipenses 1:27). Não importa o que aconteça: vivam de modo digno do evangelho de Cristo. A versão NVI diz: "Não importa o que aconteça; exerçam a sua cidadania de maneira digna do evangelho de Cristo"; é uma tentativa atrás da expressão grega "somente isso" ou "só uma coisa digo" — ideia de que por mais que sejam mandadas outras coisas, quaisquer que sejam as pressões sofridas, "naquilo que for acontecer", certas coisas são centrais — e pertencem à conduta.

A descrição inicial dessa conduta é abaladora: *conduzam-se de maneira digna do evangelho de Cristo*. O padrão é claro: é imensamente alto. Mas o que exatamente isso quer dizer?

Com certeza, não está dizendo que nós nos tornamos dignos do evangelho, como se Cristo colocasse um padrão e nós, à força, tornamo-nos dignos e, assim, obtemos lucro e benefício. As boas novas do evangelho de que Cristo morreu e ressuscitou foram para pecadores. Pela morte e ressurreição do Filho, pelo poder do Espírito a quem ele enviou, Deus nos transferiu do reino das trevas para o reino do seu amor (Colossenses 1:13). Já recebemos o Espírito como primeira prestação da herança prometida, e um dia herdaremos as glórias inestimáveis do novo céu e nova terra. Conduzir-nos "de maneira digna do evangelho de Cristo", portanto, não sugere que nos esforcemos mais a fim de obtermos alguma coisa, mas argumenta que, porque algo já foi assegurado a nós, devemos nos esforçar mais por gratidão e franco reconhecimento de que foi para isso que o evangelho nos salvou. Devemos ser diligentes em viver à altura das boas novas que recebemos, as boas novas que nos salvaram.

O verbo "conduzir" ou viver, algumas vezes, era usado no mundo antigo para "comportar-se como cidadãos" de determinado modo. Pode haver também implicações em corporação, quando são aplicadas à conduta dos crentes na igreja, na cidadania do céu.

Podemos perguntar, porém, "que espécie de conduta Paulo tem em mente, que seja digna do evangelho?". É a conduta consistente, que age do mesmo modo, quer o apóstolo esteja vigiando por sobre seus ombros, quer esteja longe: "ou indo ver-vos ou estando ausente, ouça, no tocante a vós outros, que estais firmes", Paulo escreve (1:27). A conduta que ele quer ver é coerentemente demonstrada neles, de

74 O CRISTÃO VERDADEIRO

modo que "estais firmes em um só espírito, como uma só alma, lutando juntos pela fé evangélica e que em nada estais intimidados pelos adversários" (1:27-28). Esta unidade, essa firmeza em um só espírito, essa "luta juntos pela fé no evangelho" serve como duplo sinal: "Pois o que é para eles prova evidente de perdição é, para vós outros, de salvação, e isto da parte de Deus" (1:28). Noutras palavras, a mudança de caráter que vocês demonstram, sua posição unida na defesa do evangelho, sua capacidade de suportar com mansidão e sem temor a oposição que certamente terão de enfrentar, constituem um sinal. Esse sinal fala muito, tanto para o mundo de fora, quanto para a comunidade cristã. É sinal de juízo contra o mundo que está montando a oposição; é sinal de segurança de que estes irmãos realmente são povo de Deus e no último dia também serão salvos.

A conduta digna do evangelho é o primeiro exemplo de unidade do corpo e firmeza na defesa do evangelho que suporta com alegria, mansidão e desassombro toda a oposição, promovendo o evangelho com coragem. Em termos claros, a conduta digna do evangelho é, acima de tudo, conduta que promova o evangelho. O que poderia ser mais apropriado? A maneira mais correta de viver — em resposta à gloriosa boa nova que nos salvou e transformou — é um comportamento de maneira a, juntamente com outros crentes, contender pela fé. Tal conduta provará ser sinal de segurança para você, e sinal de juízo iminente para aqueles que não querem ouvir.

Paulo passa a acrescentar algumas linhas que identificam conexão intrínseca entre esta conduta e o evangelho da cruz pelo qual deverão lutar. Paulo diz aos filipenses:

Adote a morte de Jesus como texto de sua perspectiva   75
Filipenses 1:27—2:18

"Porque vos foi concedida a graça de padecerdes por Cristo e não somente de crerdes nele" (1:29). O chamado para o sofrimento em favor do evangelho *foi concedido* a eles; é um dom gracioso de Deus! Eles não só desfrutam do privilégio de vir à fé, como realmente eles têm o privilégio de sofrer por Cristo — "não somente de crerdes nele, mas a graça de padecerdes por Cristo".

Isso não é o jeito que normalmente pensamos no sofrimento, nem mesmo o sofrimento da perseguição. Mas é isso que Paulo diz. *Se a sua salvação foi assegurada pelo sofrimento de outro em seu favor, seu discipulado é demonstrado em seu próprio sofrimento em nome dele.* Certamente isso não deveria nos surpreender. Em que sentido pode-se dizer de nós que seguimos a Jesus Cristo, se não houver o carregar a cruz em nossa vida?

É claro que nosso sofrimento por Cristo não é exatamente o mesmo que o sofrimento de Cristo por nós. O seu sofrimento é o de Deus-homem, que desfrutava da igualdade com Deus, um sofrimento que assegurou perdão de outros, sofrimento da vítima inocente. O nosso sofrimento por Cristo não acrescenta ao significado do seu sofrimento.

Contudo, somos chamados a sofrer como ele e por ele. Lembre o que Jesus disse aos discípulos, em Marcos 8: "Se alguém quer vir após mim, a si mesmo se negue, tome a sua cruz e siga-me" (Marcos 8:34). Essa linguagem é também chocante. Aos ouvidos do primeiro século, não quer dizer que temos de aprender a suportar uma verruga ou uma decepção, ou uma sogra sem papas na língua, ou um exame de matemática prestes a acontecer: "Todo mundo tem uma

76 O CRISTÃO VERDADEIRO

cruz para suportar"! Não; para ouvidos do primeiro século, carregar a cruz significa tomar o tronco sobre seus ombros açoitados e cambalear até o lugar da crucificação, e ali ser executado em agonia e vergonha. Tomar a cruz significa ter passado todo limite possível de alívio, todo ponto possível de esperança de que um dia ainda possa seguir os próprios interesses. Você está a caminho da morte, uma morte desonrosa. Para os discípulos de Jesus, tomar a cruz, ainda tomar *diariamente* a sua cruz (Lucas 9:26) é, em termos espetacularmente metafóricos, chegar ao fim de si mesmos — não importa o quanto custe essa morte — a fim de seguir a Jesus.

Isto está no coração de todo o discipulado cristão. A toda hora e em todo lugar em que recusamos admitir que é assim, estamos pecando contra Cristo e precisamos confessar este pecado e voltar para o que é básico. Temos de tomar nossa cruz a cada dia.

Em muitas regiões do mundo, essa posição inclui a disposição de sofrer perseguição aberta por amor de Jesus. É isso que os filipenses foram chamados a enfrentar. Nisto estavam apenas seguindo o exemplo apostólico. Paulo lembra-lhes mansamente: "pois tendes o mesmo combate que vistes em mim e, ainda agora, ouvis que é o meu" (1:30). Na verdade, quando a equipe apostólica original enfrentou o medo da primeira surra, saíram do tribunal "regozijando-se por terem sido considerados dignos de sofrer afrontas por esse nome" (Atos 5:41). Sem dúvida, muitos de nós no Ocidente temos sido relativamente protegidos dessa espécie de oposição descarada. Mas não é assim em muitas partes do mundo. Missiólogos que acompanham essas coisas relatam que o maior período de expansão do evangelho tem sido o último século e meio. Este mesmo século e meio tem testemunhado mais mártires cristãos do que nos mil e oitocentos anos anteriores juntos. Não é nada impossível, se as tendências atuais continuam no Ocidente, que essa oposição aqui ao evangelho se estenda além da desaprovação familiar, problemas no trabalho, condescendência da parte de colegas da academia intelectual, e assim por diante, para perseguição concreta.

Aprender a tomar a cruz a cada dia, aprender a sofrer e manter a alegria por amor de Jesus, com certeza vai além da perseguição física. Não precisa ser cristão muito tempo antes de descobrir que existem inúmeras ocasiões em que somos chamados a colocar de lado nossos interesses por amor a Cristo. Em grande medida, *é o exemplo de Cristo e do seu sofrimento que nos dá força para andar por neste caminho.*

Este ponto é de suma importância, se queremos pensar em termos práticos o que isso significa. Às vezes encontramos um homem, por exemplo, que foi criado em lar cristão, participou de atividades cristãs quando mais jovem, tanto em casa quanto na universidade, casou-se com uma mulher cristã, e agora serve com alegria em sua igreja cristã. Pode ainda ter desenvolvido algum serviço missionário em algum lugar — ajudando a cavar cisternas na República Dominicana ou alimentar os famintos em Ruanda. Agora, de repente, ele abandona a esposa e os três filhos, depois de dez anos de casamento, por uma mocinha bonita que o atraiu no trabalho. Todo mundo se escandaliza.

78 O CRISTÃO VERDADEIRO

Claro que as razões para tais fracassos morais podem ser muitas e confusas. Mas, em alguns casos pelo menos, tenho minhas suspeitas de que existe muito pouca evidência de que este homem (ou esta mulher, conforme for o caso) em foco tenha tido a prática de fazer duras decisões morais que lhe custassem muito. Sem dúvida, seu lar cristão o elogiava a cada passo de sua excelente peregrinação. Ele tomava as decisões "certas", mas essas não eram doloridas nem custosas, porque tanta gente boa o assegurava o quanto ele era maravilhoso. Fazia exatamente o que ele queria fazer. Mas nunca havia sido provado pela espécie de tentação que o levava a fazer algo que queria, mas que *ele resistiria simplesmente porque resistir era a coisa certa a fazer.* Não havia exercitado o tipo de fé que, com alegria, toma decisões que neguem a si mesmo, simplesmente porque seguir a Cristo exige isso, simplesmente porque isto é certo.

Há alguns anos, pediram que eu entrevistasse Dr. Carl F. H. Henry e Dr. Kenneth S. Kantzer em vídeo. Estes dois teólogos norte-americanos estiveram no cerne de grande parte do renascimento evangélico no mundo ocidental, especialmente, mas não exclusivamente, na América. Cada um tinha cerca de oitenta anos de idade na época da gravação. Um escreveu muitos livros; o outro trouxe à luz e nutriu um dos mais influentes seminários teológicos do mundo ocidental. Ambos estiveram ligados a Billy Graham, o movimento de Lausanne, os diversos seminários e congressos de evangelismo, a influente revista *Christianity Today,* e muito mais. A influência desses líderes cristãos se estende a números incontáveis de pastores e acadêmicos mais jovens que

Adote a morte de Jesus como texto de sua perspectiva
Filipenses 1:27—2:18

ajudaram a formar, não apenas as suas publicações e ensino público, como também o encorajamento pessoal em que ambos eram excelentes. Os dois homens falaram à câmera diante de milhares de estudantes teológicos e, no final, eu os entrevistei. Perto do fim da conversa, perguntei-lhes algo parecido com: "Os senhores têm sido extraordinariamente influentes por quase meio século. Sem bajulação barata, tenho de dizer que o que atrai em seus ministérios é que os senhores mantiveram sua integridade. Ambos são fortes, mas nenhum é egoísta. Não sucumbiram à excentricidade de doutrina, nem à construção de um império individualista. Pela boa graça de Deus, o que foi instrumental para preservá-los nestas áreas?".

Os dois gaguejaram, profundamente envergonhados. Um deles, em gentil surpresa, exclamou: "Como alguém poderia ser arrogante, quando se está ao pé da cruz?".

Foi um grande momento, não menos por ter sido tão espontâneo. Estes homens mantiveram sua integridade exatamente porque sabiam que sua atitude tinha de ser a mesma que a de Jesus Cristo (Filipenses 2:5). Sabiam que foram chamados não somente para crer em Cristo, mas também para sofrer por ele; se o seu Mestre via a igualdade com Deus não como algo a ser explorada como vantagem, mas como base para o caminho humilhante da cruz, como eles poderiam ver as posições influentes de liderança cristã como algo a explorar para vantagem própria?

Somos chamados não somente para crer em Cristo, como também para padecer por ele.

Somos chamados a não somente desfrutar dos confortos do evangelho, mas também transmiti-los (2:1-4)

Este é o peso das primeiras linhas do capítulo 2. Não podemos deixar de observar que o argumento de Paulo é abertamente um apelo à experiência. Em suma, esse argumento é o seguinte: Se você tem experimentado numerosas bênçãos cristãs importantes e felizes, existe um vínculo: você deverá agir de determinada maneira. Noutras palavras, Paulo defende que se desfrutamos de certa riqueza de experiência, este precioso tesouro se torna em mandado a uma determinada conduta.

Qual é essa experiência para qual apela o apóstolo Paulo? Que conduta ele espera?

O apelo à experiência é vinculado a uma série de cláusulas "se", em Filipenses 2:1: "Se há, pois, alguma exortação em Cristo, alguma consolação de amor, alguma comunhão do Espírito, se há entranhados afetos e misericórdias...". Noutras palavras, se ser cristão lhe trouxe encorajamento, se tem algum conforto nas horas de dor ou solidão, ao sentir-se coberto pelo amor do próprio Deus e amado por outros crentes, se tiver comunhão e sentido de parceria que surge da obra comum do Espírito na família de Deus, se há alguma nova experiência de ternura e compaixão, então, "completai a minha alegria, de modo que penseis a mesma coisa, tenhais o mesmo amor, sejais unidos de alma, tendo o mesmo sentimento" (2:2).

Noutras palavras, Paulo pergunta se houve tempos na vida em que, como crentes, sentimos Deus de perto; estamos cônscios de seu amor de modo tremendo,

Adote a morte de Jesus como texto de sua perspectiva
Filipenses 1:27—2:18

quase indescritível, temos nos deleitado no sentimento de pertencer à comunidade do povo de Deus; recebemos encorajamento maravilhoso como "benefício" do fato de sermos cristãos. Isso, muito francamente, é um apelo à experiência. Mas, se estas facetas da vida cristã normal têm sido sua experiência, você tem de reconhecer que grande parte disso vem porque outros cristãos têm mediado a graça de Deus a você. Eles têm sido carinhosos, o têm amado, encorajado, feito com que se sinta parte da cooperação dos redimidos. O que isso significa para você, como cristão, é que você deve o mesmo ao próximo. Se você reconhece este ponto e vive segundo ele, provocará alegria no apóstolo: "então", escreve ele, "completai a minha alegria, de modo que penseis a mesma coisa [adotando a mesma posição daqueles que têm ministrado a você], tenhais o mesmo amor, sejais unidos de alma, tendo o mesmo sentimento" [que demonstraram a você, para que toda a igreja reflita esse mesmo sentimento de amor, temor de Deus, negando a si mesmo, edificando ao próximo] (2,2). Caso essa não seja a situação em termos suficientemente práticos, Paulo delineia o ponto: "Nada façais por partidarismo ou vanglória, mas por humildade, considerando cada um os outros superiores a si mesmo. Não tenha cada um em vista o que é propriamente seu, senão também cada qual o que é dos outros" (2:3-4).

O que é isso, senão tomar a cruz por princípio, morrendo para o interesse egoísta por amor ao próximo?

> É preciso mais graça do que posso dizer
> Tocar bem o segundo violino.

É isso que Paulo está dizendo, outras pessoas têm ministrado a nós, não menos porque como cristãos — por amor de Cristo e devido ao cuidado que têm por nós — escolheram tocar o segundo violino, tomar a segunda posição. Agora é sua vez (nossa vez). "Ambição egoísta" (partidarismo) e "vanglória" têm de acabar. Negar a si mesmo com interesse pelo bem-estar do próximo tem de ser nossa divisa.

Para Paulo, a questão é que fomos chamados não somente a desfrutar dos confortos do evangelho nas mãos de outros crentes, como também manter a tradição: tratar os outros de modo que eles também se beneficiem. Afinal, dizemos confiar e seguir alguém cuja missão toda foi caracterizada por negar a si mesmo, em obediência ao Pai celestial; portanto, ele se entregou, e ofereceu mais ainda. A sua atitude, escreve Paulo, deve ser a mesma dele: dar, e dar, e dar ainda mais.

Às vezes, nós não dizemos isso a nossos jovens? Passam por fases de constrangimento em que acham que todo mundo está olhando para eles e ninguém gosta deles.

Se eles caem em modelo de autocomiseração quanto a isso, mais cedo ou mais tarde, nós lhes dizemos: "Escuta aqui, pare de choramingar! A quem você tem demonstrado ser amigo? Quem tem amigos tem de demonstrar amizade. Você tem olhado pela classe da escola e encontrado os estudantes que estão mais sozinhos, mais comumente rejeitados, solitários, procurando fazer amizade com eles? Por que não? Por que você acha que todo mundo tem de ser seu amigo, e você mesmo não se esforça por ser amigo de ninguém?".

Claro, argumentos como esses, por mais úteis que sejam, são estreitamente pragmáticos. O argumento de Paulo é muito mais forte: Devemos nosso amor e encorajamento aos outros porque recebemos tanto. Acima de tudo, devemos esse tipo de caráter e posição ao próximo porque professamos seguir a Cristo Jesus, e isto, de modo supremo, é a posição e o caráter dele. Sempre me perturba descobrir alguns que professam ser crentes, membros de igreja, que só pensam no que podem ganhar. Que atitude mesquinha, pateticamente negadora de Cristo! Dá, dá, dá. Fomos chamados não só para ter prazer nos confortos do evangelho, mas também transmiti-los aos outros.

Somos chamados a não somente dar os primeiros passos de fé e obediência, mas também desenvolver nossa salvação por meio de nossa vida (2:12-18)

Observe como este versículo começa: "Assim, pois, amados meus..." (2:12). Agora Paulo está fazendo conexões lógicas no hino de louvor que acabou de oferecer a Cristo. Há pelo menos duas ligações lógicas nas conexões que ele faz: Primeiro, todo joelho se dobrará (2:10), portanto, fazemos bem em viver à luz do fato de que todos nós nos curvaremos diante de Cristo no último dia, e prestaremos contas a ele. Segundo, e mais importante, Cristo Jesus, depois de sofrer terrivelmente, finalmente foi vindicado. Nós também o seremos. Ele obedeceu e suportou até o fim e foi vindicado. "Assim, pois [...] desenvolvei a vossa salvação com temor e tremor..." (2:12).

84 O CRISTÃO VERDADEIRO

É de suma importância entender a conexão entre a soberania de Deus e a nossa responsabilidade, nos versículos 12 e 13. O texto não diz "trabalhai para conseguir a salvação, pois Deus fez a parte dele e agora depende de você". Nem diz: "Talvez você já tenha sua salvação, mas agora perseverar nela depende exclusivamente de você". Menos ainda diz: "Abra a mão e deixe Deus agir. Relaxe e deixe o Espírito levar você". Pelo contrário, Paulo diz para desenvolvermos, trabalharmos nossa salvação com temor e tremor, *precisamente porque* Deus está operando em nós tanto o querer quanto o realizar, de acordo com sua boa vontade (2:12-13). Deus não está operando apenas para fortalecer *nossa* vontade e ação. A linguagem de Paulo é mais forte. O próprio Deus trabalha em nós o querer e o realizar: ele trabalha em nós no nível de nossa vontade, e no nível de nossa realização. Longe de ser isso uma *falta* de incentivo para continuar em frente, Paulo insiste que é *incentivo* para prosseguir. Estando assegurados que Deus opera desse jeito no seu povo, devemos estar ainda mais fortemente decididos a querer e a fazer de modo que agrade ao nosso Mestre.

Por razões complexas demais para tratarmos aqui, grande parte do pensamento ocidental tem errado precisamente neste ponto. Temos gasto imensas quantias de força pondo a soberania de Deus em oposição à responsabilidade humana, quando a Bíblia insiste que as duas coisas andam juntas. Isto é verdade, por exemplo, na questão da eleição. Muitos crentes sem conhecimento acham que qualquer noção de eleição seria um *desincentivo* ao evangelismo. Não foi assim para Paulo, de acordo com Lucas. Num dos pontos

Adote a morte de Jesus como texto de sua perspectiva **85**
Filipenses 1:27—2:18

mais desanimadores da vida e ministério do apóstolo, Deus o encorajou assegurando-lhe que ele devia continuar pregando e suportando aflição *precisamente porque* o próprio Deus afirmou: "pois tenho muito povo nesta cidade" (Atos 18:9,10).

Aqui também a obra contínua, graciosa e soberana em nossa vida torna-se incentivo para prosseguir com temor e tremor. Mais uma vez, Paulo não nos deixa fugir com um ponto meramente teórico. Como em 2:1-4, onde ele passa da exortação geral para o formato específico da ordem, assim também ele vai da exortação geral (2:12-13) para um conteúdo concreto (2:14-18). Se quisermos saber o que, exatamente, esse conteúdo concreto significa, o que Paulo quis dizer, quando fala para desenvolvermos nossa salvação com temor e tremor, ficaremos sem nenhuma dúvida. Ele destacou três breves pontos.

1. "Fazei tudo sem murmurações nem contendas, para que vos torneis irrepreensíveis e sinceros, filhos de Deus inculpáveis no meio de uma geração pervertida e corrupta, na qual resplandeceis como luzeiros no mundo, preservando a palavra da vida..." — não pode haver traço sequer de autocomiseração, mas uma vida caracterizada por gratidão sincera e louvor piedoso.

2. Além do mais, essa perseverança é desenvolvida, pelo menos em parte, para o deleite de Paulo e de outros líderes crentes ansiosos por ver sua fé que amadurece. O próximo um capítulo e meio enfoca a importância de se emular o tipo certo de liderança cristã. Assim, aqui Paulo diz que o modo que vivem os crentes de Filipos — com piedade animada,

86 O CRISTÃO VERDADEIRO

enquanto apresentam a Palavra da Vida — é um compromisso firmado para que "eu me glorie de que não corri em vão, nem me esforcei inutilmente" (2:16b), ou seja, para que Paulo tenha razão para se alegrar.

3. Finalmente, tal perseverança é uma forma de sacrifício cristão, que torna o sacrifício do líder uma pedra fundamental complementar à deles. O argumento é sutil, mas muito importante. Paulo escreve: "Entretanto, mesmo que seja eu oferecido por libação sobre o sacrifício e serviço da vossa fé, alegro-me e, com todos vós, me congratulo" (2:17). Nesta metáfora, os atos dos filipenses constituem o principal "sacrifício". Eles se entregam a Cristo e se comprometem a agradá-lo, qualquer que seja o custo. Então, se Paulo tem de entregar a sua vida, o seu sacrifício será como uma mera libação derramada sobre o sacrifício deles. Tal libação não tem significado, a não ser que seja derramada sobre um sacrifício mais substancial. A sua vida cristã é esse sacrifício; o martírio de Paulo — caso ocorra — ou as dores, sofrimentos e perseguições enfrentadas por ele como apóstolo, são a oferta complementar, derramada sobre a oferta deles. Com efeito, Paulo está dizendo: "Caso eu sofra, ou até mesmo perca minha vida em sacrifício derramado por cima da negação de si que vocês têm por princípio, *estou muito feliz*. Não quero morrer morte de mártir sem ver fruto correspondente nas suas vidas. Como está, qualquer pequeno sacrifício que tenha de fazer será apenas um marco complementar ao sacrifício que todos os crentes são chamados a fazer. Nisto eu regozijarei. "Assim, vós também, pela mesma razão, alegrai-vos e congratulai-vos comigo" (2:18).

Adote a morte de Jesus como texto de sua perspectiva
Filipenses 1:27—2:18

Somos assim chamados não somente aos primeiros passos de fé e obediência, mas para toda uma vida em que desenvolvamos nossa salvação. Isso será caracterizado por: (1) contentamento abnegado, (2) um esforço consciente em agradar a líderes cristãos mais maduros, e (3) um sacrifício alegre que ratifique e endosse a obra que os cristãos mais maduros tenham derramado em nossas vidas. Tudo isso não é nada mais que aprender as implicações de seguir um Messias crucificado. Em suma, temos de adotar a morte de Jesus como prova de nosso modo de pensar.

Uma grande poetisa cristã do século 19 foi Amy Carmichael. Uma de suas composições apanha muitos dos temas deste capítulo:

> Da oração que pede que eu seja
> Abrigado dos ventos que Te fustigaram,
> De medo quando eu possa almejar,
> De falhar quando eu deva subir mais alto,
> Do eu sedoso, ó Capitão, liberta
> Teu soldado que deseja Te seguir.

> Do amor sutil de coisas macias,
> Das escolhas fáceis, dos enfraquecimentos,
> (Não é assim que o espírito se fortalece,
> Não foi assim que andou o Crucificado).
> De todas as coisas que ofusquem Teu Calvário,
> Ó Cordeiro de Deus, livra-me.

> Dá-me o amor que indique o caminho,
> A fé que nada possa dissuadir,
> A esperança que nenhuma desilusão canse,
> Paixão que como fogo queime.

88   O CRISTÃO VERDADEIRO

Não permita que eu afunde para ser apenas terra:
Faz de mim o Teu combustível, Chama de Deus![6]

Adote a morte de Jesus como prova de sua visão de vida.

---

6 Elizabeth Eliot, *A Chance to Die: The life and Legacy of Amy Carmichael* (Old Tappan, NJ, Revell, 1987) 221.

Capítulo 4

Imite os líderes cristãos dignos Filipenses 2:19—3:21

19 Espero, porém, no Senhor Jesus, mandar-vos Timóteo, o mais breve possível, a fim de que eu me sinta animado também, tendo conhecimento da vossa situação. **20** Porque a ninguém tenho de igual sentimento que, sinceramente, cuide dos vossos interesses; **21** pois todos eles buscam o que é seu próprio, não o que é de Cristo Jesus. **22** E conheceis o seu caráter provado, pois serviu ao evangelho, junto comigo, como filho ao pai. **23** Este, com efeito, é quem espero enviar, tão logo tenha eu visto a minha situação. **24** E estou persuadido no Senhor de que também eu mesmo, brevemente, irei.

25 Julguei, todavia, necessário mandar até vós Epafrodito, por um lado, meu irmão, cooperador e companheiro de lutas; e, por outro, vosso mensageiro e vosso auxiliar nas minhas necessidades; **26** visto que ele tinha saudade de todos vós e estava angustiado porque ouvistes que adoeceu.

27 Com efeito, adoeceu mortalmente; Deus, porém, se compadeceu dele e não somente dele, mas também de mim, para que eu não tivesse tristeza sobre tristeza. **28** Por isso, tanto mais me apresso em mandá-lo, para que, vendo-o novamente, vos alegreis, e eu tenha menos tristeza. **29** Recebei-o, pois, no Senhor, com toda a alegria, e honrai sempre a homens como esse; **30** visto que, por causa da obra de Cristo, chegou ele às portas da morte e se dispôs a dar a própria vida, para suprir a vossa carência de socorro para comigo.

3:1 Quanto ao mais, irmãos meus, alegrai-vos no Senhor. A mim, não me desgosta e é segurança para vós outros que eu escreva as mesmas coisas.

2 Acautelai-vos dos cães! Acautelai-vos dos maus obreiros! Acautelai-vos da falsa circuncisão! **3** Porque nós é que somos a circuncisão, nós que adoramos a Deus no Espírito, e nos gloriamos em Cristo Jesus, e não confiamos na carne.

4 Bem que eu poderia confiar também na carne. Se qualquer outro pensa que pode confiar na carne, eu ainda mais: **5** circuncidado ao oitavo dia, da linhagem de Israel, da tribo de Benjamim, hebreu de hebreus; quanto à lei, fariseu, **6** quanto ao zelo, perseguidor da igreja; quanto à justiça que há na lei, irrepreensível.

7 Mas o que, para mim, era lucro, isto considerei perda por causa de Cristo. **8** Sim, deveras considero tudo como perda, por causa da sublimidade do conhecimento de Cristo Jesus, meu Senhor; por amor do qual perdi todas as coisas e as considero como refugo, para ganhar a Cristo **9** e ser achado nele, não tendo justiça própria, que procede de lei, senão a que é mediante a fé em Cristo, a justiça que procede de Deus, baseada na fé; **10** para o conhecer, e o poder da sua ressurreição, e a comunhão dos seus sofrimentos, conformando-me com ele na sua morte; **11** para, de algum modo, alcançar a ressurreição dentre os mortos.

12 Não que eu o tenha já recebido ou tenha já obtido a perfeição; mas prossigo para conquistar aquilo para o que também fui conquistado por Cristo Jesus.

13 Irmãos, quanto a mim, não julgo havê-lo alcançado; mas uma coisa faço: esquecendo-me das coisas que para

Imite os líderes cristãos dignos
Filipenses 2:19—3:21

trás ficam e avançando para as que diante de mim estão, **14** prossigo para o alvo, para o prêmio da soberana vocação de Deus em Cristo Jesus.

15 Todos, pois, que somos perfeitos, tenhamos este sentimento; e, se, porventura, pensais doutro modo, também isto Deus vos esclarecerá. **16** Todavia, andemos de acordo com o que já alcançamos.

17 Irmãos, sede imitadores meus e observai os que andam segundo o modelo que tendes em nós. **18** Pois muitos andam entre nós, dos quais, repetidas vezes, eu vos dizia e, agora, vos digo, até chorando, que são inimigos da cruz de Cristo. **19** O destino deles é a perdição, o deus deles é o ventre, e a glória deles está na sua infâmia, visto que só se preocupam com as coisas terrenas.

20 Pois a nossa pátria está nos céus, de onde também aguardamos o Salvador, o Senhor Jesus Cristo, **21** o qual transformará o nosso corpo de humilhação, para ser igual ao corpo da sua glória, segundo a eficácia do poder que ele tem de até subordinar a si todas as coisas.

Quando eu estudava química e matemática na faculdade na Universidade McGill, na década de 1960, outro estudante cristão e eu começamos um estudo bíblico evangelístico no dormitório masculino onde estávamos morando; nós dois estávamos um tanto nervosos e não queríamos estar em menor número, e assim, convidamos somente três descrentes, esperando que não mais que um ou dois compareceriam. Ficamos um pouco preocupados quando os três apareceram. Nunca antes tínhamos feito uma coisa dessas. Dentro de poucas semanas, dezesseis estudantes estavam se espremendo dentro de meu pequeno quarto, e ainda apenas dois de nós éramos crentes. Sem dúvida, alguns observadores cristãos achavam que tudo ia muito bem; quanto a mim, eu estava excessivamente assustado. O estudo bíblico gerava toda espécie de discussão em particular e logo descobri que estava fora do meu âmbito de profundidade.

Pela misericórdia de Deus, havia no campus um rapaz chamado Dave, estudante de pós-graduação um pouco brusco, conhecido como maravilhosamente capaz de falar aos estudantes sobre sua fé e sobre o cristianismo bíblico elementar. Eu não era o único a levar amigos e contatos para uma conversinha com Dave.

Na ocasião a que me refiro, eu tinha levado dois colegas do estudo bíblico para descer o morro até o dormitório do Dave. Ele estava com pressa e, como sempre, era um tanto abrupto, mas nos ofereceu café e virou prontamente para o primeiro estudante, e perguntou:

"Por que você veio me ver?".

O estudante replicou nas seguintes linhas: "Bem, sabe, tenho frequentado esse estudo bíblico e percebo que deveria saber mais sobre o cristianismo. Também quero aprender mais sobre budismo, islamismo e outras grandes religiões do mundo. Com certeza, isso irá expandir as minhas perspectivas, e este período em que sou estudante universitário parece uma boa época para examinar um pouco as religiões. Fico grato se você puder me ajudar nisso".

Dave o fitou por alguns segundos e disse: "Sinto muito. Não tenho tempo para você".

Fiquei de queixo caído. Esse estudante estava igualmente confuso e deixou escapar: "Desculpe. O que foi que você disse?".

Imite os líderes cristãos dignos
Filipenses 2:19—3:21

Dave respondeu: "Você me desculpe, não quis ser grosseiro, mas tenho pouco tempo. Estou na pós-graduação com uma carga muito pesada. Se o seu interesse no cristianismo for de amador frívolo, tenho certeza que tem gente por aí que poderia passar tempo com você para mostrar-lhe como funciona. Posso apresentá-lo a alguns e lhe dar uns livros. Quando você estiver realmente interessado em Cristo, venha até aqui me ver de novo. Mas nas circunstâncias atuais, eu simplesmente não tenho tempo".

Voltou-se para o segundo estudante: "Por que você veio aqui?".

Depois de ter escutado a recusa dada ao primeiro, com certeza este se sentiu um tanto intimidado. Mas enfrentou de frente: "Venho de um lar que vocês chamam de liberal. Meus pais amavam os filhos, os disciplinavam e deram um bom exemplo, e nos instruíram a sermos corteses, honrados e trabalhadores. E, sinceramente, não vejo como vocês que se chamam cristãos são melhores do que nós. Sem levar em conta a teologia abstrata, o que você tem que nós não temos?".

Desta vez, segurei o fôlego para ver o que Dave iria dizer, quando encarava seu interlocutor por uns segundos e disse apenas: "Olhe para mim".

Novamente, suponho que meu queixo caiu. O nome desse estudante era Rick, e ele disse: "Desculpa. Eu não entendi". Ao que Dave respondeu:

"Olhe para mim. Venha viver comigo por um mês, se quiser, como meu hóspede. Vigie o que eu faço quando me levanto, o que faço quando estou sozinho, como eu trabalho, como gasto meu tempo, como falo com as pessoas, e quais os meus valores. Venha comigo por onde eu for. No final desse mês, você me dirá se existe alguma diferença".

Rick não acatou o desafio de Dave, pelo menos não exatamente naqueles termos. Mas ficou conhecendo melhor a Dave e, no devido tempo, Rick tornou-se cristão, casou com uma moça cristã, e os dois — que se tornaram médicos — praticavam a medicina e viviam sua fé tanto no Canadá, quanto no exterior.

"Observe-me". Na época, eu me preocupei com a arrogância que tal convite parecia encerrar. Ao mesmo tempo, eu recordei as palavras do apóstolo Paulo: Sede meus imitadores, como também eu sou de Cristo" (1Coríntios 11:1)[7]. A observação e reflexão sóbrias nos asseguram que grande parte do caráter cristão é "pego" tanto quanto é ensinado — ou seja, adquirido por constante associação com cristãos maduros.

A importância geral de aprender por meio de uma mímica existencial é bem estabelecida em todos os níveis. Por que as crianças canadenses crescem falando com sotaque canadense? Por que é que, se você foi criado em Yorkshire, você fala como homem de Yorkshire, e se for criado em Dallas você fala como texano? Todo mundo sabe a resposta: as pessoas crescem imitando os que estão ao seu redor. Exatamente pela mesma razão, os pais se preocupam que os filhos tenham o tipo certo de amizades; sabem que as

---

7 Cito a NVI, mas naquela época, claro, a bíblia em língua inglesa que meus amigos e eu tínhamos era a King James: "Be imitators of me, as I also am of Christ".

Imite os líderes cristãos dignos   95
Filipenses 2:19—3:21

crianças copiam o que outras crianças fazem. Se todos os amigos são violentos ou vulgares e grosseiros, é muito mais provável que seus próprios filhos sejam violentos, vulgares e grosseiros. Isso não é menos verdade durante os anos de adolescência. Nessa altura, o hábito inconsciente de imitar a mamãe e o papai enfraquece, e eles pensam-se maravilhosamente independentes, mas todos eles se tornam terrivelmente prontos a copiar os seus iguais. Mas ainda estão imitando alguém.

Mesmo a televisão funciona desse jeito. Oferece uma espécie de amizade vicária. De algumas formas, pode ser julgada melhor ainda que um amigo — a TV nunca retruca — ou se, com a televisão interativa, se ela retrucar, você sempre poderá desligá-la. Mas se você assiste milhares de mortes violentas antes da idade dos dezoito anos, é certo que isto afetará a sua personalidade. Se você assiste promiscuidade sexual dia após dia — mesmo que em certo nível você concorde que a promiscuidade sexual é imoral — de fato seu nível de tolerância foi sutilmente alterado, e você não fica mais chocado. Para muitas pessoas, a televisão serve como uma espécie de "linha de limite" moral, pois elas não possuem outro ponto de referência que as domine. Multiplique essa influência por milhões de pessoas que assistem, e o efeito na sociedade é o declínio moral inevitável. Por esta razão é que muitos pais sábios, se possuem um aparelho de TV, limitam o quanto seus filhos podem assistir. Quando a permitem aos filhos, insistem que ou pai ou mãe esteja presente para que depois possam conversar com os filhos e avaliar aquilo que assistiram.

Mas a imitação não se restringe à arena secular. Não é menos importante na peregrinação cristã. Como foi que você aprendeu a orar? Se você foi criado em lar cristão, sem dúvida aprendeu observando seus pais orarem. Talvez eles lhe ensinaram algumas orações bem simples: "Agora me deito para dormir" ou "Querido Jesus, pastor bondoso, abençoa tua ovelhinha; sê presente em todo tempo; guarda-me seguro até a luz da aurora". Se veio de um lar cristão, talvez a linguagem arcaica de alguma versão antiga da Bíblia fosse seu jeito de orar. Mas, se você se converteu durante o terceiro ano de faculdade por meio da ABU, dos Navegadores ou da Cruzada Estudantil para Cristo, e veio de um lar que nunca falou de Cristo, a sua oração provavelmente será um tanto quanto esta: Queremos agradecer a você, Jesus, por ser nosso amigo e por estar aqui". Nos dois casos, você aprendeu a orar escutando outras pessoas orarem.

Modelagem. A modelagem ocorre o tempo todo, quer percebamos quer não. Isso acontece mesmo com adultos. Os adultos têm uma gama mais ampla de modelos para escolher do que têm as crianças, mas estão imitando modelos. As empresas de marketing gastam bilhões de dólares todo ano em propagandas de creme dental, carros ou sistemas de som, ligados visualmente a uma linda loira ou um moço "incrivelmente sarado". Não gastariam isso, se não pensassem que dá certo. Talvez não sejamos ingênuos a ponto de achar que "se eu usasse esse creme dental, meus dentes seriam perfeitos e eu conseguiria um namorado", mas em algum nível profundo, as propagadas nos afetam, porque de outro jeito as companhias não gastariam bilhões para produzi-las.

Imite os líderes cristãos dignos
Filipenses 2:19—3:21

Alguns de nossos hábitos de imitação são engraçados. Quando eu era jovem pregador ainda solteiro, a minha mãe — que era minha melhor crítica até que viesse minha esposa — um dia perguntou-me depois de um sermão onde eu adquiri um grotesco olhar de soslaio. Eu garanti que não tinha a mínima ideia ao que ela estava se referindo. Ela me disse que às vezes, no meio da fala, eu fazia uma pausa, encostava no púlpito, deixava caído meu lábio inferior, e espreitava. Uma vez que eu pensei nisso, reconheci onde tinha adquirido o hábito. Outro pastor que era meu amigo, me tirava de lado a cada semana para me ensinar os rudimentos da oração intercessória, e tinha esse hábito. Eu respeitava o homem, e nele a contorção facial parecia, pelo menos a meus olhos, de reflexão pensativa. É provável que ele nunca tenha percebido seu maneirismo, mas com certeza, eu o tinha assumido, e em mim parecia que eu olhava de soslaio a congregação.

Como, então, o cristão novo pode aprender a falar de cristianismo, pensar *de forma cristã*, avaliar a sociedade de maneira cristã, viver em família de modo cristão, aprender a testemunhar, aprender a dar, e aprender a desenvolver hábitos piedosos de vida? Claro que muito é dito sobre esses assuntos na Escritura, e muitos crentes encontrarão suas vidas formadas simplesmente por ler e reler as Escrituras. Também não quero diminuir a obra poderosa do Espírito Santo. Já que o Espírito Santo geralmente usa meios, e esses meios incluem o modelo que cristãos mais experientes oferecem.

Talvez eu deva fazer uma pausa e comentar um elemento desse desafio, elemento este que afeta o que faço a cada

98 O CRISTÃO VERDADEIRO

semana. Havia tempo em que a maioria das pessoas que vinham a nossos seminários e faculdades teológicas para se oferecer como candidatos ao ministério vinham de lares cristãos. Muitos deles eram, eles mesmos, filhos da casa pastoral ou campo missionário. Hoje isto é cada vez menos comum. Nossos alunos vêm de toda espécie de ambiente colorido. Alguns se converteram na casa dos vinte anos, a maioria nunca recebeu uma cultura eclesiástica específica, alguns vieram de lares desfeitos e não poucos antes eram usuários de drogas. Como podemos esperar prepará-los para o ministério pastoral, se nos restringirmos ao que conseguimos colocar em suas vidas na sala de aula? Ah, eles são mesmo cristãos autênticos — mas muitos carregam sobre si tanta bagagem emocional, e são tão inexperientes nas questões eclesiásticas, que esses anos de sala de aula no seminário não vão tratar de todas as questões. Os seminários e as faculdades teológicas podem fazer coisas extremamente boas, mas não podem ser vistos como escolas de etiqueta pastoral. Grande parte desse polimento terá de ser administrado *dentro do contexto da igreja local*. Nesse contexto, o aprendiz pastoral aprende muito mais sobre como viver, ministrar, pregar, interagir graciosamente com gente desregrada, levar os fardos uns dos outros, orar fervorosamente, chorar com os que choram e alegrar-se com os que se alegram — observando como cristãos maduros agem em todas essas áreas.

A questão, portanto, não é *se* devemos aprender dos outros por mímica consciente ou inconsciente, mas *o que* devemos aprender e *de quem* aprender. Esta pergunta é tratada de modo *enorme* na passagem que temos diante de nós.

Está implícita em toda a passagem e torna-se explícita em discretos pontos — por exemplo: "Irmãos, sede imitadores meus e observai os que andam segundo o modelo que tendes em nós" (3:17). Um versículo como este não é restritamente doutrinário; é existencial, trata de como você deve viver. Semelhantemente, uma parte da razão que Paulo descreve a Timóteo e Epafrodito, no final do capítulo 2 e capítulo 3, e revela tanto os seus próprios motivos e hábitos, é que procura estabelecer e reforçar bons modelos. Não está se rebaixando em bajulação barata dos seus colegas, nem congratulando a si mesmo. Seu alvo é oferecer exemplos cristãos que os cristãos mais jovens e menos experientes possam emular. Pois se não tiverem tais exemplos, ou não forem estimulados a segui-los, estarão propensos a seguir exemplos fracos, que enganam, ou mesmo são perigosos.

A quem, portanto, devemos seguir? Quais os cristãos que devem ser nossos modelos?

Imite aqueles que se interessam pelo bem-estar do próximo, e não deles mesmos (2:19-21)

As primeiras palavras de Paulo sobre Timóteo constituem um elogio maravilhoso. "Espero, porém, no Senhor Jesus, mandar-vos Timóteo, o mais breve possível, a fim de que eu me sinta animado também, tendo conhecimento da vossa situação. Porque a ninguém tenho de igual sentimento que, sinceramente, cuide dos vossos interesses; (2:19-20). Uma das razões porque Paulo está mandando a Timóteo é que, quando este voltar, Paulo saberá como estão os filipenses (2:19). Mas a outra razão é que Timóteo

100   O CRISTÃO VERDADEIRO

mesmo reflete a atitude exata de Paulo: ele tem interesse autêntico no bem-estar deles. Quando Paulo diz: "a ninguém tenho de igual sentimento que, sinceramente, cuide dos vossos interesses", provavelmente não está dizendo que não conheça mais nenhum cristão em qualquer lugar que exiba o mesmo tipo de maturidade, mas que, entre os que o ajudam e estão com ele no momento, Timóteo é quem se sobressai. Nenhum dos outros poderá alcançá-lo neste detalhe: o interesse transparente que Timóteo demonstra no bem-estar do próximo.

Existem muitos estilos diferentes de liderança. Alguns líderes vivem para ser admirados, receber louvores. Sem ser crassos a ponto de afirmar isso, eles dão a impressão de que a igreja existe e floresce principalmente devido a seus dons, e o mínimo que a igreja pode fazer é elogiá-los e adulá-los. Não era assim a atitude de Timóteo. Ele vivia pelo próximo, estava genuinamente interessado no bem-estar deles.

Claro, à luz da carta até este ponto, isso nada mais é que um sinal de que Timóteo segue não somente a Paulo, mas a Jesus. Embora Cristo Jesus desfrutasse de igualdade com Deus Pai, Ele não achava que essa igualdade fosse algo para ser explorado, mas adotou a forma de servo. Tornou-se ser humano, um homem, e andou em obediência até sua morte na odienta cruz. Aqueles que seguem a Jesus Cristo inevitavelmente aprendem a descartar o autointeresse, conforto de si mesmos e o foco em si. Paulo sabe que, como regra geral, "pois todos eles buscam o que é seu próprio, não o que é de Cristo Jesus" (2:21). Mas Timóteo havia fugido desse estreito ardil.

Imite os líderes cristãos dignos   **101**
Filipenses 2:19—3:21

Então, a quem você vai seguir? Quais os cristãos contemporâneos que lhe servirão como bons modelos? Imite aqueles que se interessam no bem-estar do próximo, não o seu próprio. Esteja alerta por cristãos que realmente exemplificam essa atitude cristã básica, esse hábito de serem ajudadores. Esses jamais pavoneiam seu caminho de liderança com estimativas infladas de sua própria importância. Eles são os que alegremente fazem a limpeza que outras pessoas deixaram. Não se ofendem se ninguém lhes pergunta sobre eles mesmos — estão ocupados demais servindo a outros. São pessoas que constantemente buscam o bem espiritual do próximo, fazem o bem com naturalidade, operam o bem com emoção. Têm compromisso com o bem-estar de outras pessoas. Observe como eles agem, como falam, como reagem. Converse com eles; aprenda como bate seu coração. Imite-os. Emule os que se interessam pelo bem dos outros, e não de si mesmos.

Imite aqueles que se provaram nas adversidades, não os novatos que não foram provados ou pavões que promovam a si mesmos (2:22-30)

Paulo relembra aos filipenses que "conheceis o seu caráter provado, pois serviu ao evangelho, junto comigo, como filho ao pai" (2:22). Esta analogia é muito bela. No mundo antigo, antes da revolução industrial, a maioria dos filhos assumia a vocação dos seus pais. Se o pai fosse lavrador, você seria lavrador. Se o pai fosse padeiro, era provável que você também fosse padeiro. Seu aprendizado principal era com

102   O CRISTÃO VERDADEIRO

o pai; era seu pai que lhe ensinava o seu ofício, os truques e macetes da profissão e, aos poucos, ensinava tudo que ele sabia, aumentando passo a passo o peso da sua responsabilidade do conhecimento.

Hoje em dia tal imagem é menos forte, não só porque muitos filhos não seguirão o caminho vocacional de seus pais, mas porque a maioria de nossos filhos não nos enxergam em nosso trabalho. Antigamente, os filhos observavam os seus pais e aprendiam sua profissão trabalhando junto deles. Mas os meus filhos não me acompanham ao seminário onde eu leciono. É raro eles me acompanharem quando vou a outro lugar para pregar. Não podem compartilhar comigo as horas sem fim que eu passo na biblioteca ou em meu escritório. A não ser quando acontece à mesa do jantar, eles não podem me escutar no conselho que se espera dar a tantos que vêm me encontrar. Mesmo se um dos filhos acabasse no ministério pastoral, seu treinamento não seria muito fundamentado e trabalhado ao meu lado. Assim acontece com a maioria de nós, hoje em dia.

Mas a analogia de Paulo é baseada no modelo antigo. Timóteo aprendeu o cristianismo e seus primeiros passos de ministério cristão com Paulo, como um filho aprende do seu pai. Timóteo teve o privilégio de ter Paulo como seu pai espiritual e mentor. Neste contexto ele foi examinado, ele "foi aprovado", disse Paulo. Paulo está extremamente tranquilo ao enviá-lo: "Este, com efeito, é quem espero enviar, tão logo tenha eu visto a minha situação". Timóteo servirá como precursor de Paulo, que espera chegar, ele mesmo, em

Imite os líderes cristãos dignos **103**
Filipenses 2:19—3:21

breve: "E estou persuadido no Senhor de que também eu mesmo, brevemente, irei" (2:24).

Tem também Epafrodito (2:25-30). Este parágrafo demonstra que Paulo é um líder com características de profunda empatia e compaixão. Linhas maravilhosamente ternas se encontram no versículo 29, onde Epafrodito é mencionado como exemplo de homem a ser honrado: "Recebei-o, pois, no Senhor, com toda a alegria, e honrai sempre a homens como esse..." (2:29).

Devemos ponderar também a escolha de uma palavra específica neste parágrafo. Epafrodito, diz Paulo, arriscou sua vida para suprir a vossa carência de socorro para comigo". São relativamente claras as circunstâncias. As primeiras palavras sugerem que o próprio Epafrodito era natural de Filipos: "Julguei, todavia, necessário mandar até vós Epafrodito, por um lado, meu irmão...". Epafrodito havia sido mensageiro dos filipenses para Paulo, enviado para "auxiliar nas minhas necessidades" (2:25). Epafrodito havia levado o presente financeiro até o apóstolo (4:19, 14-18). Provavelmente, ele também apoiou a Paulo em sua própria dura tarefa, uma vez que tenha chegado ali. Mas agora, Paulo quer enviá-lo de volta a Filipos. É o que Epafrodito também quer e Paulo reconhece o fato: "visto que ele tinha saudade de todos vós e estava angustiado porque ouvistes que adoeceu" (2:26). Era uma avaliação surpreendente. Epafrodito não estava angustiado por estar doente, mas porque sabia agora que os filipenses, seus irmãos em Cristo, souberam que ele esteve muito mal. Epafrodito estava angustiado porque sabia que seus irmãos crentes se angustiariam por sua causa.

104   O CRISTÃO VERDADEIRO

Conquanto Paulo elogie a atitude de Epafrodito, ele não permite que este vá embora, diminuindo a seriedade de sua doença. O apóstolo expõe cuidadosamente a gravidade do trauma pelo qual seu emissário filipense passara. "Com efeito, adoeceu mortalmente; Deus, porém, se compadeceu dele e não somente dele, mas também de mim, para que eu não tivesse tristeza sobre tristeza" (2:27). Se ele sobreviveu, era pela misericórdia singular de Deus, não só para Epafrodito mas também para Paulo, que foi poupado de sofrimento mais profundo (2:27). Paulo mal consegue imaginar o que teria feito, se Epafrodito tivesse sido tirado dele: "Por isso, tanto mais me apresso em mandá-lo, para que, vendo-o novamente, vos alegreis, e eu tenha menos tristeza — ou seja, minha mente ficará aliviada se ele chegar em casa com segurança e vocês tiverem um encontro feliz.

Estas, em suma, são as circunstâncias por trás deste parágrafo. Observe como Paulo apresenta a questão. Ele se refere a Epafrodito de maneira muito cordial ("meu irmão, cooperador e companheiro de lutas", 2:25) e conclui com uma exortação para que os filipenses o recebam "no Senhor, com toda a alegria, e honrai sempre a homens como esse" porque "chegou ele às portas da morte e se dispôs a dar a própria vida, para suprir a vossa carência de socorro para comigo" (2:29-30).

Resumindo, imite aqueles que provaram a si mesmos nas dificuldades, não os novatos não testados ou pavões que adulam a si mesmos.

Devemos ponderar a escolha paulina de um item especial neste parágrafo: Epafrodito arriscou sua vida pela

Imite os líderes cristãos dignos   **105**
Filipenses 2:19—3:21

carência de socorro que vocês não puderam dar. Aqui, a palavra traduzida por socorro é estranha neste contexto. O vocábulo é mais comumente usado como "serviço religioso", palavra que se usaria para falar do culto. O que Paulo queria dizer, ao afirmar que Epafrodito arriscou sua vida pela "carência de serviço religioso, de culto, que os filipenses não poderiam oferecer"?

Em anos recentes, a igreja ocidental tem produzido numerosos livros e discussões sobre a natureza da adoração cristã. Algumas pessoas querem que o culto seja mais litúrgico; geralmente são pessoas que não pertenciam à tradição litúrgica. Outras desejam que o culto seja muito menos litúrgico. Parece que a síndrome da "grama do outro lado da cerca" funciona neste debate, tanto quanto em outros. Para alguns, o culto de adoração implica órgãos de tubos; para outros, guitarras e mesas de som. Para alguns, significa hinos sonoros escritos pelo menos há mais de cem ou duzentos anos; para outros, são músicas contemporâneas, de não mais de vinte anos, impelidas pelo Espírito se elas contêm qualquer composição musical. Quando se pergunta o que é o louvor no culto, os carismáticos começam com 1Coríntios 12 e 14, os músicos tendem a começar com os corais de Davi, sacramentalistas começam com 1Coríntios 11 e outras referências à Ceia do Senhor, e especialistas em Novo Testamento começam frequentemente com a identificação de fragmentos de hinos no Novo Testamento. Muitos de nós pensamos que a adoração do louvor é o que se faz *antes* do sermão, mas com certeza não inclui o próprio sermão. Assim, distinguimos com cuidado entre o "líder do louvor" e

106 O CRISTÃO VERDADEIRO

o pregador. O líder do louvor não prega, e o pregador não dirige o louvor. Se vocês cantam um pouco mais depois do sermão, voltaram para o louvor. Mas, poucos são que realmente tentam construir uma autêntica teologia bíblica do louvor.

Uma exceção está no livro de David Peterson[8], que destaca corretamente que na velha aliança, o culto — junto com todo o vocabulário ligado a ele (tal como sacrifício, oração, adoração, louvor, serviço, sacerdócio) — era ligado principalmente ao Tabernáculo e, depois, ao Templo. Mas quando se volta à nova aliança, a terminologia de adoração não é *constrita de maneira tão* estreita. A terminologia da adoração não se restringe, por exemplo, à Ceia do Senhor ou aos cultos públicos da igreja. O que é notável na terminologia do culto na nova aliança é que ela *toca e caracteriza a vida toda*. A conhecida passagem de Romanos 12 é exemplo disso: "Rogo-vos, pois, irmãos, pelas misericórdias de Deus, que *apresenteis o vosso corpo* por sacrifício vivo, santo e agradável a Deus, que é o vosso culto racional" (Romanos 12:1). No Novo Testamento, todos os crentes autênticos constituem um sacerdócio real. Em Romanos 15:16, o culto está ligado ao evangelismo. O próprio Jesus ensinou que a adoração não está mais ligada a atos cúlticos realizados em uma localidade geográfica, quer Jerusalém com o templo, quer nas montanhas de Gerizim e Ebal, na Samaria (João 4). Não, o Pai busca adoradores que o adorem em espírito e em verdade (João 4:23-24). Aqui, como em outros lugares,

---

8 *Engaging with God: A Biblical Theology of Worship* (Grand Rapids: Eerdmans, 1993).

Imite os líderes cristãos dignos
Filipenses 2:19—3:21

a adoração abarca toda a vida e toda localidade. O culto é a oferta coerente de toda nossa vida, tempo e esforços, corpo e recursos, a Deus; é profundamente centrada em Deus. Existe um sentido em que os cristãos verdadeiros *nunca devem não estar adorando.*

Portanto, cristãos bem instruídos jamais devem sugerir que se congregam para adorar, se com isso querem dizer que durante o resto da semana eles não estiveram adorando, e agora se reúnem no domingo pela manhã ou pela noite para desincumbir sua obrigação de culto. Para o cristão, toda sua vida é culto. Você pode replicar: "Mas isso quer dizer que os crentes não devam adorar quando se ajuntam para isso?". Tem gente que sugere isso: que as reuniões cristãs não são para adoração, mas principalmente para instrução. Isso também perde o sentido correto. Não é que devemos adorar a semana inteira e recusar adorar quando nos ajuntamos como igreja! Pelo contrário, quando nos ajuntamos, adoramos como corpo unido, já que estivemos adorando separadamente a semana toda. Esse culto corporativo inclui louvor congregacional, edificação mútua, instrução na Palavra e verdade cristã, e celebração da morte e ressurreição de Cristo no memorial que ele deixou com este propósito. Assim, o sermão em si não é não-culto, mas parte de nossa adoração corporativa, tanto um sinal dela quanto profundo incentivo para isso.

Esta é pelo menos uma parte da estrutura do pensamento do Novo Testamento a respeito do culto, da adoração. Uma vez que esse material tenha sido corretamente assumido, será útil conversar a respeito do uso de órgão de tubos

108   O CRISTÃO VERDADEIRO

e violões. Mas, antes de absorver o que a Bíblia tem a dizer sobre o assunto, uma discussão dessas seria prematura.

No contexto das ênfases da nova aliança sobre o culto, a razão porque Paulo escolheu essa palavra específica, quando falou aos filipenses, torna-se razoavelmente clara: "visto que, por causa da obra de Cristo, chegou ele (Epafrodito) às portas da morte e se dispôs a dar a própria vida, para suprir a vossa carência de socorro (do *culto religioso*) para comigo [que vocês não podiam me oferecer]" (2:30). Os crentes filipenses queriam muito ajudar a Paulo pessoalmente. Ele via todo esse socorro como *culto religioso* — parte integrante de sua vida centrada em Deus, como sacrifício contínuo a Deus. Se essa ajuda fosse com dinheiro, orações, ou encorajamento moral, se eles estavam longe demais para realizar esse serviço pessoalmente, estavam felizes por terem enviado um emissário cujo "serviço religioso" foi operado com risco de perder a própria vida. Não há nada que sugira que esse risco de vida tenha sido resultado de perseguição; provavelmente Epafrodito tenha adoecido por um vírus ordinário. Contudo, ele poderia não ter ficado doente, se tivesse permanecido confortavelmente em casa, à beira no Mar Egeu. Foi o seu compromisso de ajudar a Paulo que o levou até Roma, viagem esta que quase lhe custou a vida — e tudo isso está ligado a culto como "serviço religioso", ou seja, adoração que simultaneamente era auxílio para Paulo e oferta a Deus. Muito pouco do que Epafrodito levou para Paulo tinha a ver com o *culto de domingo*.

Esta visão do culto não tem intenção de depreciar o que fazemos juntos aos domingos. O culto é projetado para

Imite os líderes cristãos dignos   **109**
Filipenses 2:19—3:21

garantir que toda a vida seja vivida em obediência fiel e deleitosa ao evangelho de Deus, com o resultado que o que fazemos corporativamente no ajuntamento de domingo, ou em qualquer outra hora, seja a superabundância de nossa vida com Deus e lugar para refrigério na alegria do Senhor, enquanto pensamos em sua Palavra, expressamos nosso louvor e gratidão, e aprofundamos nossos laços uns com os outros. Mas o ponto a reconhecer é que, sob os termos do novo pacto, o culto está jungido a toda a vida. Vivemos holisticamente sob a graça de Deus. Ou somos centrados em Deus em tudo que fazemos, ou não o somos. Se formos centrados em Deus, as palavras de Deus e seus caminhos nos são preciosos e todo nosso ser é ofertado em adoração. Se não o formos, estaremos em rebeldia contra Deus e nada do que fizermos será verdadeira adoração.

A razão pela qual essa digressão é importante para meu ponto principal é que a vida cristã madura é inextricavelmente ligada a essa atitude de serviço com sacrifício de si mesmo, em oferta a Deus, não menos na promoção do evangelho e no bem dos outros crentes. Imite aqueles que têm se provado nas dificuldades, não o que repentinamente surgiu do nada, nem no que promove a si mesmo como um pavão.

Eu me recordo de um líder cristão, há muitos anos, que dava o seguinte conselho solene a cristãos mais jovens: "Uma das coisas mais importantes na liderança cristã é jamais admitir suas fraquezas. Se você admitir suas fraquezas, os outros vão tirar partido disso para o seu próprio prejuízo". Incrível! Com certeza, existem muitas áreas em que os

110 O CRISTÃO VERDADEIRO

cristãos precisam admitir suas fraquezas. Não é assim que Paulo faz, em 2Coríntios 12, quando insiste que aprendeu a "gloriar-se" em suas fraquezas, para que a força e o poder de Cristo se aperfeiçoem nele?

Na mesma passagem, Paulo circunscreve o que ele fala a respeito das próprias experiências, precisamente porque teme que as pessoas pensem demais quanto a ele. Se ele tiver de ser avaliado, quer ser julgado pelo que diz e faz na arena pública, não por dizer ter experiências espirituais que ninguém mais tenha como provar (2Coríntios 12:5-6). É surpreendente o jeito que Paulo se porta diferente de nossa posição. Hoje em dia, muitos cristãos, até mesmo na liderança, passam pela vida com medo que as pessoas pensem deles muito pouco. Se irritam prontamente quando alguém, especialmente mais novo que eles, for elogiado mais do que eles. Mas Paulo passa pela vida com medo que as pessoas pensem em exagero a seu respeito. Sigam um líder dessa estirpe! Ele foi provado pelas dificuldades, não é um novato prepotente nem se pavoneia para sua autopromoção. Imite a líderes como estes.

Imite aqueles cuja constante confiança e orgulho sejam somente em Cristo, e nada mais (3:1-9)

Na maioria das nossas versões, Paulo começa com a expressão "quanto ao mais", ou "finalmente". Tem havido muitas piadas dirigidas a pregadores, quanto a esse "finalmente". Uma criança perguntou a seu pai o que queria dizer com "finalmente", e ele respondeu: "Ah, nada". Alguns críticos, ansiosos por duvidar da Palavra de Deus, dizem que esta

Imite os líderes cristãos dignos
Filipenses 2:19—3:21

carta não foi escrita toda de uma só vez pelo apóstolo, mas era um pasticho, uma colagem de fontes, uma das quais terminava com "finalmente"! Algum editor desajeitado colocou o parágrafo neste lugar e ficou sem sentido.

Na verdade, nossas traduções comuns tornaram as coisas extremamente difíceis para nós. A palavra grega aqui usada frequentemente servia, nesse período mais tardio do grego, como uma partícula conectiva solta. "Então aí". Na Almeida Revista e Atualizada, temos "quanto ao mais". Aqui, Paulo está pegando novamente o fio da alegria que havia introduzido, em Filipenses 2:17-18. Ali ele insiste que estava preparado para oferecer a si mesmo como libação, oferta derramada sobre a oferta de autossacrifício que *eles* deram, e se alegra e regozija com todos eles, querendo que também se alegrem com ele. Nos versículos seguintes, Paulo fala de dois ajudantes, Timóteo e Epafrodito que, de maneira semelhante, demonstraram sua disposição de sofrer por amor dos outros — declaração esta que, ironicamente, traz alegria. "[Quanto ao mais] irmãos meus, alegrai-vos no Senhor" (3:1a).

Isso soa muito como um comentário de transição. Nos versos que seguirão — ainda que Paulo venha a admoestar veementemente contra certos falsos mestres — as questões voltarão, em parte, à disposição de deixar de lado o que o mundo e o interesse próprio poderiam escolher, a fim de buscar o conhecimento de Cristo. Da perspectiva de Paulo, fazer isso é um privilégio maravilhoso, aquilo que inicia como negação de si mesmo para ser exatamente o que o cristão sensível quer fazer e ser, simplesmente porque não existe

112 O CRISTÃO VERDADEIRO

nada melhor, mais maravilhoso e mais deleitoso do que conhecer a Jesus Cristo.

Paulo já disse essas coisas antes aos filipenses. Por esta razão é que Paulo diz: "A mim, não me desgosta e é segurança para vós outros que eu escreva as mesmas coisas" (3:1). "As mesmas coisas" a que Paulo se refere, provavelmente, não são assuntos que Paulo já tenha escrito nesta carta, porque não há nenhum paralelo próximo entre os versículos seguintes e o que Paulo já escreveu nesta epístola. Provavelmente, Paulo se refere ao que ele lhes ensinou pessoalmente antes, quando esteve com eles.

Uma pequena revisão das coisas espirituais é totalmente salutar, e assim, ele embarca nessa revisão: "Acautelai-vos dos cães! Acautelai-vos dos maus obreiros! Acautelai-vos da falsa circuncisão! Porque nós é que somos a circuncisão, nós que adoramos a Deus no Espírito, e nos gloriamos em Cristo Jesus, e não confiamos na carne..." (3:2-3) É linguagem muito forte. Certamente, Paulo se refere a um problema recorrente nas igrejas que ele havia fundado. Havia muitos judeus que estavam dispostos a crer que Jesus era o Messias prometido, mas achavam que os gentios teriam de se tornar judeus antes de ser cristãos. Isso significava que eles teriam de se circuncidar e assumir a responsabilidade de observar a lei de Moisés. Noutras palavras, tais judeus erroneamente consideravam o cristianismo como sendo judaísmo com um pouco mais, quase como uma seita do judaísmo.

Paulo não compartilha dessa visão. Insiste que eles estejam lendo erradamente a bíblia hebraica, aquilo que nós chamamos de Antigo Testamento. As escrituras da antiga

Imite os líderes cristãos dignos 113
Filipenses 2:19—3:21

aliança não estabeleceram estruturas eternas de observação religiosa, culminada com a vinda de Jesus. Pelo contrário, elas prediziam a sua vinda, ansiavam por sua vinda, preanunciavam sua vinda, mas a esperança máxima estava em sua vinda. Com este ponto de vista, embora o Templo do Antigo Testamento tivesse muitas funções, uma das mais importantes era apontar para aquele que seria o "templo" — o lugar supremo de sacrifício e supremo lugar de encontro entre Deus e seu povo (João 2:21). O sacerdócio do antigo pacto olhava adiante para o único sumo sacerdote supremo "segundo a ordem de Melquisedeque" (Hebreus 5 e 7). Os sacrifícios antecipavam aquele que derramaria o próprio sangue, não sangue de bois e ovelhas que jamais tiram o pecado (Hebreus 9:11-28). A Páscoa olhava para trás, para a noite bendita, quando o anjo da morte "passou por cima daqueles que colocaram o sangue do cordeiro na verga e nos umbrais das suas portas", mas que antecipava a Cristo, o Cordeiro Pascoal, que foi sacrificado por nós, como o próprio Paulo defendia (1Coríntios 5:7).

Para muitos judeus conservadores, o sinal de entrada no pacto era a circuncisão. Por isso é que, para eles, a circuncisão era uma questão crucial. Se os gentios tinham de se tornar judeus antes de ser cristãos, eles teriam de ser circuncidados. Noutras palavras, quando um judeu dizia aos cristãos gentios que, para se tornarem crentes eles teriam de passar pelo rito solene da circuncisão e jurar seguir a lei judaica antes de ser considerados cristãos autênticos, estavam dizendo que os gentios não poderiam realmente desfrutar dos benefícios do evangelho, as bênçãos de Cristo

114   O CRISTÃO VERDADEIRO

Jesus, até se submeterem a toda a antiga lei judaica. Mas Paulo destaca que os que argumentam dessa forma não entendem o que as Escrituras do Antigo Testamento ensinam a respeito da circuncisão. Já no Antigo Testamento, os escritores bíblicos deixavam claro que a circuncisão do coração era mais importante do que a literal circuncisão do corpo (Deuteronômio 10:16; 30:6; Jeremias 9:25; Ezequiel 44:9). Paulo concorda, mas vai um passo além: nos termos na nova aliança inaugurada pelo Senhor Jesus, a circuncisão da carne não é mais o sinal da entrada na comunidade da aliança. O fator distintivo do cristão, novo portador do pacto, é que foi "circuncidado no coração, pelo Espírito, e não por código escrito" (Romanos 2:29).

Este é o pano de fundo para o desafio que Paulo enfrentava. Com frequência, após ter pregado o evangelho em algumas vilas e cidades e mudar para o próximo local carente, outros judeus seguiam seus rastros e tentavam convencer os novos convertidos que eles teriam de se submeter à circuncisão, se quisessem ser chamados de cristãos, assim demonstrando disposição de viver em obediência à lei de Moisés. Se pessoas assim já haviam chegado a Filipos e estavam começando a perturbar a igreja, ou se Paulo achava iminente e perigosa a sua chegada, ele toma a oportunidade para advertir os crentes de Filipos sobre eles, para armá-los com informação sólida para que eles pudessem suportar os ataques.

"Acautelai-vos dos cães! Acautelai-vos dos maus obreiros! Acautelai-vos da falsa circuncisão" (3:2). O ponto de Paulo é que, embora muitos judeus conservadores falassem

Imite os líderes cristãos dignos 115
Filipenses 2:19—3:21

de si mesmos como "a circuncisão", e dos gentios como "cachorros sujos", a verdade é que, ao rejeitarem a Jesus Cristo, eles mesmos é que eram os "cães", e sua celebrada circuncisão nada mais era que mutilação própria, se ela exigia para si prerrogativas além do lugar próprio na história da redenção. Em especial, se isso relativiza a Cristo, deixando de reconhecer que ele é a *plenitude do cumprimento* dos tipos e modelos do Antigo Testamento, é totalmente errado. Pois de fato, "nós é que somos a circuncisão, nós que adoramos a Deus no Espírito, e nos gloriamos em Cristo Jesus, e não confiamos na carne" (3:3).

Paulo não está dizendo essas coisas por inveja sublimada, como se estivesse frustrado porque ele não desfrutava de nenhum privilégio de *status*, treinamento ou disciplina, que eram parte piedosa da herança do antigo pacto. Longe disso: o próprio Paulo, se quisesse, poderia se gabar das muitas bases de "confiança" religiosa que ele havia desfrutado: "Se qualquer outro pensa que pode confiar na carne, eu ainda mais" (3:4), escreve Paulo, e faz uma lista do que tinha em mente, o tipo de coisas que se encaixariam bem em alguns círculos de judeus conservadores do primeiro século. Para começar, ele foi circuncidado no oitavo dia de vida, era judeu de sangue, pertencendo ao pacto do povo de Israel. Não somente isso, ele veio da tribo de Benjamim, uma das duas tribos que não se revoltou contra a dinastia davídica. Culturalmente, ele era "hebreu dos hebreus"; embora nascido em Tarso e conhecedor profundo da cultura greco-romana, Paulo era instruído na língua e cultura de sua herança étnica e religiosa, recebendo sua educação formal em Jerusalém.

116 O CRISTÃO VERDADEIRO

No que concernia às diversas seitas ou partidos dos judeus, e suas posições quanto a como deveria ser seguida a lei de Moisés, Paulo foi criado na seita dos fariseus: disciplinado, informado, altamente respeitado. Não era fariseu apenas de nome: ele entendia as reivindicações da nascente comunidade cristã o suficiente para não honrá-la, e foi atrás dela com zelo perseguidor. Quanto ao escopo todo da justiça debaixo da lei ele era, francamente, "quanto à justiça que há na lei, irrepreensível" (3:6). Com isso ele não está dizendo que alcançou "perfeição sem pecado". Longe disso — a lei providenciava remédios para o pecado, prescrevendo determinados sacrifícios, ensinando jovens judeus sinceros a olharem para o Deus a quem se dirigiam todo dia de Expiação, por meio do sumo sacerdote, que aspergia o sangue da expiação no Santíssimo Lugar pelos seus próprios pecados e pelos pecados de todo seu povo. Paulo tinha seguido cuidadosamente todo esse modelo de vida religiosa. Era um exemplo máximo.

"Mas o que, para mim, era lucro, isto considerei perda por causa de Cristo" (3:7). Tudo da coluna de crédito foi transferido para a coluna de débito; só Cristo ficou na coluna do crédito. Então, temendo que talvez eles não tenham entendido a força disso, Paulo passa a usar uma linguagem mais forte: "Sim, deveras considero tudo como perda, por causa da sublimidade do conhecimento de Cristo Jesus, meu Senhor; por amor do qual perdi todas as coisas e as considero como refugo, para ganhar a Cristo" (Filipenses 3:8). Realmente ele perdeu essas coisas. Perdeu a segurança do seu lar, tornando-se viajante

Imite os líderes cristãos dignos 117
Filipenses 2:19—3:21

constante, sem habitação fixa. O tipo de sofrimentos que suportou formam uma lista impressionante (veja 2Coríntios 11:23-29). Nada disso é mencionado em forma de queixa. Estaríamos apresentando a Paulo da pior forma possível, se fôssemos concluir que essas linhas mostram um apóstolo que, às vezes, cede à autocomiseração. Quanto às coisas que lhe foram tiradas, Paulo escreve calmamente: "Sim, deveras considero tudo como perda, por causa da sublimidade do conhecimento de Cristo Jesus, meu Senhor; por amor do qual perdi todas as coisas e as considero como refugo, para ganhar a Cristo e ser achado nele, não tendo justiça própria, que procede de lei, senão a que é mediante a fé em Cristo, a justiça que procede de Deus, baseada na fé" (3:8-9).

Aqui, portanto, Paulo expressa os seus valores fundamentais. Por um lado, tudo que o mundo pode oferecer, incluindo o mundo privilegiado do judaísmo intelectual e disciplinado. Por outro lado, Jesus Cristo está a postos, e a "justiça que vem de Deus e é pela fé". Paulo insiste que não há nenhum concurso: Jesus e sua justiça é incomparavelmente melhor.

Devemos fazer aqui uma pausa para refletir por qual motivo Paulo faria tal juízo. A palavra "justiça" pode ser igualmente traduzida "justificação", como muitas vezes o é. A despeito das críticas de alguns acadêmicos, nas cartas de Paulo a palavra regularmente significa que Deus, devido à morte de seu Filho, declara certas pessoas justas ou retas. Paulo rápida e alusivamente destaca estes pontos com respeito a essa "justificação".

118 O CRISTÃO VERDADEIRO

1. Ela "vem de Deus", ou seja, é dom de Deus, assegurada por ter Deus enviado seu Filho para morrer por pecadores.

2. É "pela fé", ou seja, assegurada "mediante a fé em Cristo". O meio de recebê-la é pela fé, e o objeto dessa fé é Cristo.

3. Esta justiça vinda de Deus é confrontada contra qualquer coisa que Paulo pudesse obter por si mesmo observando a lei, conforme ele coloca: "e ser achado nele, não tendo justiça própria, que procede de lei, senão a que é mediante a fé em Cristo, a justiça que procede de Deus, baseada na fé" (3:9).

Paulo não pensava que os que estavam debaixo do antigo pacto geralmente não eram obrigados a viver sob suas estipulações, ou que ninguém naqueles tempos pudesse se tornar justo perante Deus. Agora que Cristo Jesus tinha vindo em cumprimento da lei, ele via os requisitos da lei de outra forma. Ele afirmava que mesmo sob a antiga aliança, homens e mulheres eram salvos pela graça de Deus, apropriada pela fé, mas que essa fé se manifestava, sob a antiga aliança, em termos de obediência a esse pacto. Paulo não deprecia a obediência. Pelo contrário, ele insiste que muitos judeus, incluindo ele nos seus dias antes de ser cristão, tinham passado a pensar na lei de uma forma que Deus nunca intentou. Em vez de ver a lei como uma *preparação* para a justiça de Deus, que seria garantida pela vida e morte do Messias, a lei havia se tornado cada vez mais a base para "justificar-se" diante de Deus. Por isso é que alguns judeus,

Imite os líderes cristãos dignos 119
Filipenses 2:19—3:21

conforme vimos, insistiam que os gentios se comprometessem a cumprir toda a lei — simbolizada por se submeterem à circuncisão — antes de se tornarem cristãos (veja 3:2-3). Paulo não aceita nada disso; no que lhe concerne, tudo mais é lixo em comparação com Cristo, recebendo a justiça de Deus que é pela fé.

Paulo entende que a justificação é obra de Deus assegurada pela morte de Cristo e apropriada mediante a fé. Deus olha para nós através da morte de seu Filho, e assim nos declara justos. Paulo reconhece que, no universo de Deus, a coisa de suma importância é conhecer a Deus. No fluir da história que inevitavelmente corre em direção ao juízo — o grande julgamento onde somente o veredito de Deus tem importância — ele é declarado justo pelo Deus Criador, este Juiz infinitamente mais precioso do que qualquer coisa que se possa imaginar, infinitamente mais importante do que receber todos os prêmios do mundo — quer sejam eles eclesiásticos, acadêmicos, ligados à sociedade, financeiros, ou pessoais. Essa justiça vinda de Deus depende absolutamente, neste ponto da história da redenção, de ganhar a Cristo e ser achado nele (3:8-9). Paulo o deseja acima de todas as coisas. Tudo mais é apenas lixo.

No decorrer deste capítulo, portanto, Paulo insiste, pelo menos em parte, que os crentes filipenses imitem aqueles cujo orgulho e confiança constantes sejam somente em Cristo Jesus, nada mais. A maioria das pessoas que leem estas páginas, suponho, não será grandemente tentada a jactar-se de seus antepassados judaicos, bem como antigos direitos de raça e herança religiosa. Mas, talvez, estejamos

120 O CRISTÃO VERDADEIRO

tentados a nos gabar de coisas menores: riqueza, posição, cultura, estabilidade emocional, família, sucesso empresarial ou político, ligações denominacionais, ou mesmo qual versão da Bíblia usamos. Cuidado com pessoas assim. Elas tendem a considerar todos que estão fora do seu círculo ou pequeno grupo como inferiores. Em algum ponto do caminho, elas inadvertidamente — ou mesmo intencionalmente e com maldade — imaginam que a fé em Cristo Jesus e o prazer nele sejam menos importantes do que suas realizações pessoais.

Em vez disso, procure as pessoas cuja constante confiança esteja em Jesus Cristo, cujo orgulho seja somente Jesus Cristo, cujo deleite constante seja Jesus Cristo. Jesus deve ser o centro de sua adoração, da sua gratidão, do seu amor, de toda sua esperança. Depois disso, sem dúvida teremos de discutir questões periféricas. Mas, no primeiro instante, imite aqueles cujo orgulho e confiança constantes estejam em Cristo Jesus e nada mais.

Imite aqueles que continuam crescendo espiritualmente, e não aqueles que estagnaram (3:10-16)

O versículo 10 é frequentemente citado por cristãos nos dias de hoje. O que é surpreendente é que foi escrito por alguém que conhecia Cristo havia mais de trinta anos. "Quero conhecer a Cristo" — diz Paulo, embora ele já o conheça. O que está dizendo, claro, é que ele deseja conhecê-lo mais e mais. Mas seu amor por ele faz com que queira conhecê-lo cada vez mais. Um bom casamento descobre aos olhos do

Imite os líderes cristãos dignos 121
Filipenses 2:19—3:21

cônjuge cada vez mais a respeito do outro, enquanto dura o casamento.

É assim que Paulo vê a Jesus. As riquezas encerradas nele são infinitas. Passaremos toda a eternidade conhecendo-o melhor, e descobriremos que conhecer a Jesus é conhecer a Deus, e o conhecimento é eterno e inexaurível. Já durante nossa peregrinação aqui, é nossa alegria como também nosso dever conhecer melhor a Jesus Cristo.

Em especial, Paulo diz: "para o conhecer, e o poder da sua ressurreição, e a comunhão dos seus sofrimentos, conformando-me com ele na sua morte..." (3:10). O que isso significa?

No uso de Paulo, o "poder da ressurreição" é o poder de Deus que ressuscitou da morte a Jesus. De acordo com Paulo, esse mesmo poder incomparavelmente grandioso" (Efésios 1:19) — o poder que ressuscitou a Jesus da morte — é o mesmo poder que hoje opera em nós para nos fortalecer, a fim de que tenhamos grande perseverança e fé, e vivamos constantemente caracterizados por ações de graças (Colossenses 1:11-12). É necessário poder extraordinário para nos tornar assim. Na verdade, nada menos que o poder de Deus que ressuscitou da morte a Jesus. O que o apóstolo deseja, portanto, não é que pensem que ele é poderoso, mas poder para que ele seja conformado à vontade de Deus. Isso, só o poder que trouxe Jesus de volta da morte pode fazer.

Não é somente isso que Paulo quer. Ele deseja "a comunhão dos seus [de Cristo] sofrimentos" (3:10). Aqui temos, novamente, o vocábulo "comunhão" ou "parceria" que consideramos no primeiro capítulo. Paulo quer identificar-se

122 O CRISTÃO VERDADEIRO

com Cristo em seus sofrimentos, conhecer melhor a Cristo pela experiência de sofrer assim como Jesus. "Porque vos foi concedida a graça de padecerdes por Cristo e não somente de crerdes nele" (1:29). Está claro que Paulo não é a espécie de líder que diz a seus convertidos como devem sofrer e não se dispõe, ele mesmo, a sofrer.

Contudo, não há um mínimo traço de masoquismo nisto. Paulo não quer sofrer simplesmente porque gosta, como se isso lhe desse uma espécie de alegria perversa. O apóstolo entende que Jesus foi "homem de dores e que sabe o que é padecer", e sente que segui-lo desta forma faz parte do conhecimento do Mestre. Significa "conformando-me com ele na sua morte" (3:10), ou seja, assim como Jesus foi crucificado, Paulo também quer tomar a sua cruz e segui-lo. Para o privilégio de conhecer melhor o Mestre, nenhum sofrimento será demais.

Não é óbvio que a adoção dessa mesma posição transformaria nosso testemunho, bem como os nossos valores? Se Filipenses 3:10 fosse nossa divisa ou se nós, como os primeiros apóstolos, aprendêssemos a nos alegrar debaixo da perseguição porque "regozijando-se por terem sido considerados dignos de sofrer afrontas por esse Nome" (Atos 5:41), nossa própria perspectiva inevitavelmente mudaria, quando sentíssemos uma baforada de oposição. Poderíamos dizer: "Graças a Deus! Finalmente ele está confiando a mim um pouco de perseguição. Quero mais disso, se isso significa que eu conheça melhor a Cristo".

Uma razão pela qual Paulo adota essa atitude é porque ele tem em vista o fim: quero conhecer melhor a Cristo

Imite os líderes cristãos dignos
Filipenses 2:19—3:21

dessa forma, diz ele, "para, de algum modo, alcançar a ressurreição dentre os mortos" (3:11). Com tais palavras ele não está duvidando que ele mesmo verá a ressurreição dos mortos. A expressão "de algum modo" do original sugere que Paulo não tenha certeza do tempo e das circunstâncias desta experiência. Pode ser que aconteça durante a sua vida, para que ele receba um corpo ressurreto transformado sem passar pela morte? Da sua primeira carta escrita aos Tessalonicenses, aprendemos que é isso o que Paulo ensina que acontecerá aos crentes que estiverem vivos, quando Jesus voltar (1Tessalonicenses 4:13-17). Ou será que ele morrerá e depois ressuscitará da morte? De qualquer modo, "de algum modo", ele alcançará "a ressurreição dentre os mortos". Na mente de Paulo, ele atingirá esse final glorioso, a ressurreição, o novo céu e nova terra, o lar de justiça, e certamente virá com a perseverança no conhecimento de Jesus Cristo. Por tal conhecimento de Cristo Paulo anseia.

Paulo não está estagnado. Tal atitude, mais que qualquer outra, garante que, quando Paulo diz que devemos imitá-lo (3:17), ele não está se apresentando como um guru que já tivesse "chegado lá". Pois Paulo sabe que é um modelo em transição a glórias maiores. Se ele quer ser seguido, quer ser seguido do mesmo modo que ele segue firme a Jesus (1Coríntios 11:1). Está prosseguindo. Não pensa de si como sendo perfeito: "Não que eu o tenha já recebido ou tenha já obtido a perfeição; mas prossigo para conquistar aquilo para o que também fui conquistado por Cristo Jesus" (3:12). Ele almeja atingir o propósito para o qual Cristo o chamou. Qualquer outra coisa trairia esse chamado.

124 O CRISTÃO VERDADEIRO

Como se isso não bastasse, Paulo se repete: "Irmãos, quanto a mim, não julgo havê-lo alcançado; mas uma coisa faço: esquecendo-me das coisas que para trás ficam e avançando para as que diante de mim estão, prossigo para o alvo, para o prêmio da soberana vocação de Deus em Cristo Jesus" (3:13-14). Recusando firmar-se sobre triunfos passados, Paulo se esforça em prosseguir adiante, em direção da glória que está por vir.

Em nenhum momento Paulo sugere que sua posição seja singular, ou que seja esperada apenas dos apóstolos. Longe disso: "Todos, pois, que somos perfeitos [maduros], tenhamos este sentimento" (3:15). É assim que o cristão maduro deve pensar. Implicitamente, os imaturos também deveriam pensar assim, ou seja, que devem tornar-se maduros a fim de pensar desse jeito. Por isso Paulo acrescenta: "e, se, porventura, pensais doutro modo, também isto Deus vos esclarecerá". Enquanto isso, todos os cristãos, sem exceção, devem viver pelo menos no nível daquilo que já sabem: "Todavia, andemos de acordo com o que já alcançamos" (3:16).

São impressionantes as implicações disso. Os cristãos jamais deverão se satisfazer com a graça de ontem. É chocante o crente ter de admitir que cresceu muito pouco em seu conhecimento de Jesus Cristo. Como mais tarde Paulo exortaria a Timóteo, temos de ser diligentes nas responsabilidades cristãs que nos foram impostas, para que outros vejam nosso progresso de vida e de doutrina (1 Timóteo 4:15-16).

É óbvio que tais coisas se aplicam especialmente a pregadores e mestres do evangelho. Se você se encontra na mesma planície de conhecimento (doutrina) e experiência

Imite os líderes cristãos dignos 125
Filipenses 2:19—3:21

(vida) nos últimos vinte anos, tem algo terrivelmente errado. É ordem dada a todos nós que cresçamos. Todos, pois, que somos perfeitos, tenhamos este sentimento" (3:15). Não é para abandonar as antigas verdades e estágios anteriores de santidade, mas à medida que as novas verdades surgem diante de nossos olhos, esses devem formar nosso conhecimento e nossa vivência de modo tão poderoso que os outros enxerguem essa melhora. Nossos pecados tornam-se menos desculpáveis; aqueles que são mais santos invariavelmente têm maior consciência de seus pecados e como o pecado é odioso para Deus. A santidade torna-se cada vez mais atraente. As glórias do mundo por vir tornam, em comparação, insípidas todas as glórias deste mundo, deixando-as cinzentas e sem atração.

Tristemente, nem todos os crentes, nem mesmo todos os líderes cristãos, adotam a posição que Paulo vê como normal e normativa. Olhe com cuidado em sua volta, e imite aos que continuam crescendo espiritualmente, não os estagnados. Cuidado com os que projetam uma imagem de presunçosa satisfação consigo mesmos. Imite aqueles que continuam imitando a Cristo.

Imite aqueles que aguardam ansiosos a volta de Jesus, não aqueles cuja mente está nas coisas terrenas (3:17-21)

O versículo 17 é um verso de transição; aplica-se ao que o precede, como também ao que se segue. Ele traz claramente um foco sobre o que o precedeu. Caso não tenhamos percebido que Paulo falou tanto sobre sua própria atitude

126　O CRISTÃO VERDADEIRO

para com o crescimento e a maturidade exatamente porque ele quer que os outros sigam seu modelo, agora ele destaca explicitamente o ponto: "Irmãos, sede imitadores meus e observai os que andam segundo o modelo que tendes em nós" (3:17). Os outros a quem Paulo se refere provavelmente são as outras igrejas. Paulo não está colocando uma responsabilidade especial sobre os filipenses. Se eles estiverem seguindo a Paulo, não estarão fazendo mais do que fazem as outras igrejas plantadas por ele: estarão se alinhando com as demais. Como Paulo não pode estar em todo lugar ao mesmo tempo, os crentes filipenses devem prestar atenção aos cristãos de sua própria congregação que vivem de acordo com o modelo dado por Paulo, deixando-os ser seus guias.

Duas ideias são implícitas neste versículo. (1) Uma parte do que Paulo ensinava aos novos convertidos era como viver. Ele fala "modelo que tendes em nós", que no contexto significa claramente o modelo de vida — o que chamamos de estilo de vida — que ele lhes demonstrou. (2) O apóstolo presume que muitos aspectos do discipulado cristão são mais fáceis de "pegar" do que serem ensinados. Por esta razão é que os filipenses são chamados a olhar a seu redor em busca de modelos, modelos que claramente se aproximam do modelo apostólico, e segui-los.

De modo igualmente claro, o versículo 17 leva o pensamento dos últimos poucos versículos deste capítulo. Insistindo que alguns crentes eram excelentes modelos para os outros seguirem, deixa implícito que alguns não o eram: "Pois muitos andam entre nós, dos quais, repetidas vezes, eu

Imite os líderes cristãos dignos **127**
Filipenses 2:19—3:21

vos dizia e, agora, vos digo, até chorando, que são inimigos da cruz de Cristo". Quem seriam essas pessoas?

É difícil ter certeza e precisão quanto à identidade deles, mas percebemos algumas inferências razoáveis. Possivelmente não se confessam como sendo incrédulos. É provável que eles não se enxerguem com descrentes pelas seguintes razões:

É pouco provável que Paulo estivesse em lágrimas por completos descrentes que estivessem perigosamente propensos a desviar os crentes filipenses.

No contexto, Paulo contrasta o modelo que ele e outros cristãos maduros oferecia com o que essas pessoas estavam fazendo, e é pouco provável que os cristãos filipenses estivessem tentados a encontrar como modelo as pessoas que não afirmavam ser cristãs.

A expressão "inimigos da cruz de Cristo" sugere pessoas que dizem ser cristãs, mas que na verdade são inimigos da "quinta coluna". Tal expressão certamente não se referiria a todos os descrentes sem distingui-los, e se, em vez disso, ela se referisse a fortes incrédulos que se opunham ativamente ao evangelho, voltamos ao ponto anterior: seria difícil imaginar por que os filipenses seriam tentados a seguir a esses.

Assim, parece que essas pessoas faziam alguma profissão de fé cristã, e atraíam alguns ao afastamento, mas na verdade, eram "inimigos da cruz de Cristo". Toda geração tem alguns desses enganadores. Não devem ser confundidos com pregadores cristãos, cujos motivos às vezes parecem mistos, como os que Paulo menciona em Filipenses1:15-17. Também não devem ser confundidos com pagãos e outros, que não fingem ter fé em Cristo. Pelo contrário, esses falam seguindo

128   O CRISTÃO VERDADEIRO

uma "boa linha", enganam os incautos e sem discernimento, se exibem como líderes cristãos e talvez até demonstrem muito "poder". Mas o que falta, julgando pela expressão de Paulo, é o foco da cruz, um foco como o dele. Paulo deseja conhecer mais do poder da ressurreição de Cristo e a "comunhão dos seus sofrimentos, conformando-me com ele na sua morte" (3:10). Os inimigos da cruz de Cristo jamais adotam tal posição. Sem dúvida, tanto Paulo quanto os filipenses sabiam quem eram essas pessoas. Paulo acrescenta detalhes suficientes para seus primeiros leitores identificarem com clareza. "O destino deles é a perdição, o deus deles é o ventre, e a glória deles está na sua infâmia, visto que só se preocupam com as coisas terrenas" (3:19). Longe de serem atraídos ao sofrimento por amor de Cristo, eles são atraídos aos confortos das criaturas. Agradam a si mesmos; o seu deus está localizado não mais alto que seu estômago. O tipo de coisa que eles valorizam, longe de ser inspirativo e glorioso e digno de emulação, é claramente vergonhoso. Em suma, sua mente está em coisas terrenas (3:19). Não é que eles enfoquem coisas explicitamente más; devemos ter compaixão deles porque todos os seus valores e alvos do coração estão ligados às coisas deste mundo, e nenhuma parte respira com a paixão de Paulo, que desejava "de algum modo, alcançar a ressurreição dentre os mortos" (3:11). Com certeza eles têm de ser evitados, no que diz respeito a serem tomados como modelos.

A vigorosa denúncia de Paulo não é insensível ou malvada. Ele a faz "até chorando" (3:18). Ele fica triste por ver líderes cristãos professos que de fato são idólatras ("seu deus

Imite os líderes cristãos dignos **129**
Filipenses 2:19—3:21

é o ventre") e desgraçadamente perdidos ("o destino deles
é a perdição", 3:19). Lembremos das lágrimas de Cristo, a
quem Paulo está imitando. Quando Jesus denuncia os líderes religiosos charlatães de sua época, ele acaba em prantos
ao olhar para a cidade (Mateus 23). Da nossa parte, temos
de resistir tornar-nos pessoas que denunciam, mas não choram. Também não podemos nos tornar gente que chora,
mas jamais denuncia. Em ambas as situações, existe demais
em jogo.

De qualquer modo, Paulo insiste que os cristãos autênticos não adotem a posição desses inimigos de Cristo. Pelo
contrário, Paulo insiste: "Pois a nossa pátria está nos céus, de
onde também aguardamos o Salvador, o Senhor Jesus Cristo, o qual transformará o nosso corpo de humilhação, para
ser igual ao corpo da sua glória, segundo a eficácia do poder
que ele tem de até subordinar a si todas as coisas" (3:20-21).
Nos termos mais fortes, Paulo insiste que o cristianismo autêntico, o tipo que ele deseja ver imitado, vive à luz da volta
de Jesus. É esse tipo de cristianismo que une a igreja em
todas as gerações à exclamação: "Amém! Vem, Senhor Jesus!"
(Apocalipse 22:20).

Resumindo, é um cristianismo que prepara para o céu,
pois é ali que está o nosso lar, nossa verdadeira cidadania,
nosso verdadeiro destino. Somente tal posição é suficiente
para tornar sensível e razoável a atitude de Paulo para com
o sofrimento. Se uma identificação alegre com Cristo e com
seus sofrimentos neste mundo redunda finalmente na espetacular glória da volta de nosso Senhor e no esplendor
que seguirá, então nós também somos vindicados de modo

130 O CRISTÃO VERDADEIRO

análogo à vindicação do próprio Cristo (vejam meu comentário sobre Filipenses 2:5-11 no capítulo 2).

A espiritualidade autêntica não sobrevive muito tempo sem uma atitude de saudade do céu, crentes que vivem tendo em vista os valores da eternidade, ansiosamente esperando a volta de Jesus, aguardando o dia quando o próprio Cristo "transformará o nosso corpo de humilhação, para ser igual ao corpo da sua glória, segundo a eficácia do poder que ele tem de até subordinar a si todas as coisas" (3:21; tema que Paulo trata mais completamente em 1Coríntios 15). Cristãos que realmente pensam não se verão como primeiramente cidadãos da Grã-Bretanha, dos Estados Unidos ou do Brasil. Somos cidadãos do céu. Somente essa cidadania tem significado que perdura. Feliz o crente cujo epitáfio foi a simples frase:

> Bendito esse homem que deste louvor se deu:
> O céu nele estava antes dele estar no céu.

Imite aqueles que ansiosamente esperam a volta de Jesus, não aqueles cuja mente se fixa apenas nas coisas terrenas.

Cotton Mather, puritano norte-americano de grande influência e cultura em seus dias, escreveu:

> Exemplos nos encantam estranhamente para a imitação. Quando a santidade é-nos pressionada somos propensos a pensar que é uma doutrina calculada para os anjos e espíritos, cuja habitação não é com a carne. Mas, quando lemos as vidas dos que excelem em santidade, embora sejam eles

pessoas de paixões semelhantes à nossas, a convicção é maravilhosa e cheia de poder.

É claro, existe uma trave no fim de tudo que escrevi neste capítulo. Coloquei tudo em termos de nossa responsabilidade de imitar a líderes cristãos dignos e segui, então, o texto para descobrir quem seriam esses dignos líderes cristãos. Mas, se nós cristãos formos responsáveis por encontrarmos exemplos apropriados para imitar, claro, quando os encontrarmos *teremos de tornar-nos exemplos apropriados para que outros nos imitem*. Nem todo ministério na igreja é verbal; nem todo ministério é eminente, mas todos os cristãos são chamados para manter um padrão de fala e vida que influencie uma nova geração de convertidos de maneira piedosa e cristã.

De algumas formas, as necessidades tornam-se mais urgentes. Há um número crescente de famílias cristãs que nem cogitam o culto doméstico. Quem vai modelar para eles o que tem de ser feito? Os lares estão dilacerados pelo divórcio; quais os pais cristãos serão modelo para uma nova geração de jovens, às vezes criados com falta de amor e modelos confusos, como deve ser um casamento cristão? É sabido que os abusadores frequentemente são filhos de pais abusadores. Não devemos simultaneamente proclamar o evangelho e demonstrar o que seja um lar cristão generoso, abnegado, contente? Os cristãos sempre foram conhecidos como aqueles que sabem morrer bem. Nós não mostraremos à próxima geração de crentes como morrer, como sofrer o luto, como confiar, e como discordar com outro crente sem

132 O CRISTÃO VERDADEIRO

tornar-se beligerante, prezando ainda a clemência e humildade? Mostraremos, por nosso exemplo, como levantar-nos em prol da justiça em nossa sociedade? Não aprendemos a orar escutando as orações de outros? A quem, então, temos nós ensinado a orar? A quem temos ensinado os rudimentos da autodisciplina?

Sim, devemos imitar aqueles que se interessam no bem-estar do próximo e não em si mesmos, mas nós mesmos precisamos ser pessoas assim. Sim, devemos emular aqueles que provaram a si mesmos no sofrimento, não o novato não testado ou o pavão que só promove a si mesmo. Temos de nos tornar pessoas assim. Sim, devemos imitar aqueles cujo motivo de orgulho e confiança constantes sejam tão somente Cristo e nada mais; essa tem de ser nossa visão. Sim, devemos imitar aqueles que continuam a crescer espiritualmente, não os que estão estagnados. Mas é claro, se o fizermos, nós cresceremos. Devemos emular os que aguardam ansiosos a volta de Jesus, cujas mentes não estão fixas nas coisas terrenas, mas então nossa mente estará fixa nas coisas celestiais. Devemos buscar uma nova geração que influenciemos por amor de Jesus. É esse o mandato: "indo, fazei discípulos".

Irmãos e irmãs em Cristo, somos chamados a imitar líderes cristãos dignos. Somos chamados a ser líderes cristãos dignos, a quem outros possam imitar. Que Deus nos ajude.

Capítulo 5

Nunca desista da caminhada cristã
Filipenses 4:1-23

1 Portanto, meus irmãos, amados e mui saudosos, minha alegria e coroa, sim, amados, permanecei, deste modo, firmes no Senhor.

2 Rogo a Evódia e rogo a Síntique pensem concordemente, no Senhor. **3** A ti, fiel companheiro de jugo, também peço que as auxilies, pois juntas se esforçaram comigo no evangelho, também com Clemente e com os demais cooperadores meus, cujos nomes se encontram no Livro da Vida.

4 Alegrai-vos sempre no Senhor; outra vez digo: alegrai-vos.

5 Seja a vossa moderação conhecida de todos os homens. Perto está o Senhor. **6** Não andeis ansiosos de coisa alguma; em tudo, porém, sejam conhecidas, diante de Deus, as vossas petições, pela oração e pela súplica, com ações de graças. **7** E a paz de Deus, que excede todo o entendimento, guardará o vosso coração e a vossa mente em Cristo Jesus.

8 Finalmente, irmãos, tudo o que é verdadeiro, tudo o que é respeitável, tudo o que é justo, tudo o que é puro, tudo o que é amável, tudo o que é de boa fama, se alguma virtude há e se algum louvor existe, seja isso o que ocupe o vosso

O CRISTÃO VERDADEIRO

pensamento. **9** O que também aprendestes, e recebestes, e ouvistes, e vistes em mim, isso praticai; e o Deus da paz será convosco.

10 Alegrei-me, sobremaneira, no Senhor porque, agora, uma vez mais, renovastes a meu favor o vosso cuidado; o qual também já tínheis antes, mas vos faltava oportunidade. **11** Digo isto, não por causa da pobreza, porque aprendi a viver contente em toda e qualquer situação. **12** Tanto sei estar humilhado como também ser honrado; de tudo e em todas as circunstâncias, já tenho experiência, tanto de fartura como de fome; assim de abundância como de escassez; 13 tudo posso naquele que me fortalece.

14 Todavia, fizestes bem, associando-vos na minha tribulação. **15** E sabeis também vós, ó filipenses, que, no início do evangelho, quando parti da Macedônia, nenhuma igreja se associou comigo no tocante a dar e receber, senão unicamente vós outros;

16 porque até para Tessalônica mandastes não somente uma vez, mas duas, o bastante para as minhas necessidades. 17 Não que eu procure o donativo, mas o que realmente me interessa é o fruto que aumente o vosso crédito. **18** Recebi tudo e tenho abundância; estou suprido, desde que Epafrodito me passou às mãos o que me veio de vossa parte como aroma suave, como sacrifício aceitável e aprazível a Deus. **19** E o meu Deus, segundo a sua riqueza em glória, há de suprir, em Cristo Jesus, cada uma de vossas necessidades.

20 Ora, a nosso Deus e Pai seja a glória pelos séculos dos séculos. Amém!

21 Saudai cada um dos santos em Cristo Jesus. Os irmãos que se acham comigo vos saúdam. **22** Todos os santos vos saúdam, especialmente os da casa de César.

23 A graça do Senhor Jesus Cristo seja com o vosso espírito.

Nunca desista da caminhada cristã
Filipenses 4:1-23

Ao trabalharmos na carta de Paulo aos crentes de Filipos, temos resumido sua defesa com várias fórmulas simples:

1. Ponha o evangelho em primeiro lugar.
2. Adote a morte de Cristo como prova de sua perspectiva.
3. Imite a líderes cristãos dignos de serem emulados e agora.
4. Nunca desista da caminhada cristá.

Por que esse último imperativo deverá resumir Filipenses 4? Existem pelo menos três razões.

Primeiro, o peso do primeiro versículo é "ficar firme". Este versículo é de transição, apontando tanto para o que já examinamos, quanto para o capítulo à frente. Paulo escreve: Portanto, meus irmãos, amados e mui saudosos, minha alegria e coroa, sim, amados, permanecei, deste modo, firmes no Senhor" (4:1). A evidência que o versículo aponta para trás é clara: "*Portanto*, meus irmãos" — ou seja, à luz dos temas que acabei de articular, especialmente à luz de 3:17 ("Irmãos, sede imitadores meus e observai os que andam segundo o modelo que tendes em nós...") — portanto, ficai firmes. Na verdade, Paulo injeta um elemento terno, emotivo: "meus irmãos" — "vocês que são minha alegria e coroa". Ele já advertiu sobre os falsos lideres e maus exemplos. Cuidado com os que exibem um pseudocristianismo, que por um tempo poderá seduzi-los. Cuidado com aqueles cujo deus é o ventre e cujo

136 O CRISTÃO VERDADEIRO

fim é a destruição. Não sejam enganados por eles. Imite os líderes cristãos dignos, que valorizam a cruz e cuja vida espiritual é vital e crescente, constantemente focada em Jesus Cristo. Especialmente, à luz da iminente volta de Jesus, quando ele transformará nossos corpos — portanto, fiquem firmes.

O modo que 4:1 aponta para trás está bastante claro. Mas há também uma palavra neste versículo que certamente aponta para frente. Se fosse traduzir o versículo literalmente, diria "*assim* ficai firmes no Senhor" (na NVI diz *portanto*... permaneçam assim firmes no Senhor...). A palavra que eu traduzi por "assim" aponta regularmente para frente. Por exemplo, em João 3:16 lê-se: "Portanto Deus amou *assim* o mundo e deu seu Filho unigênito", a palavra "assim" aponta para a frente, à suprema evidência de como Deus amou o mundo. Aqui em Filipenses: "*Portanto* ficai firmes" — ou seja, fiquem firmes do modo que estou prestes a prescrever. Fiquem firmes — nunca desistam da caminhada cristã.

Segundo, muitos dos temas de Filipenses 4 já foram tratados em Filipenses 1—3. Mas, neste último capítulo da carta paulina, esses temas estão em nova distribuição, de modo a gerar perseverança e persistência. Isto se torna abundantemente claro ao trabalharmos através do capítulo, e se traz mais uma razão para ler o capítulo sob este tema.

Terceiro e mais importante, não podemos deixar de perceber que muitas das prescrições do capítulo são calculadas para gerar perseverança. O que Paulo oferece não

Nunca desista da caminhada cristã 137
Filipenses 4:1-23

é simplesmente conteúdo doutrinário (embora isso seja importante), ou ordens simples para obter um comportamento explicitamente cristão, mas ordens de atitude que geram compromisso para toda a vida com o único Deus verdadeiro.

Podemos colocar nestes termos: Que espécie de exortação vai ajudar mais aos cristãos no caminho de Cristo? Devemos encorajar uns aos outros a recitar os credos e ler mais as nossas Bíblias? É certo que sim Mas temos de reconhecer também que é possível tratar a Bíblia com frieza ou apenas como assunto de estudo acadêmico, da mesma maneira que outras pessoas estudam Shakespeare. Devemos produzir obediência a determinados mandamentos? Sim, sem dúvida todos nós, de vez em quando, precisamos ser encorajados nessas linhas. Mas existe obediência que é apenas formal, e esses outros tipos de obediência afundam em característica patética de legalismo.

O tipo de coisa que Paulo escolhe enfatizar neste último capítulo, o quarto, são as seguintes: integridade nos relacionamentos, fidelidade para com Deus, confiança calma nele, pureza e salubridade nos pensamentos, e piedade na atitude do coração. Em todas as áreas, Paulo quer produzir firmeza, estabilidade, perseverança, persistência e fidelidade diante de Deus — diante do Deus que se revelou tão maravilhosa e climaticamente em Jesus Cristo, seu Filho.

O peso de Filipenses 4, portanto, é este: Nunca desista do andar cristão. Quando desenrolarmos este tema, descobriremos sete componentes.

138 O CRISTÃO VERDADEIRO

Resolva buscar um pensamento semelhante a de outros verdadeiros crentes (4:2-3)

O caso concreto e imediato diante de Paulo é sobre duas mulheres, Evódia e Síntique, que não conseguem se relacionar bem uma com a outra. O que choca nesta situação é que as duas não são pessoas periféricas, conhecidas por ter gênio forte e língua solta e pouco mais que isso. Não. São mulheres que trabalharam juntas com Paulo na causa do evangelho (4:3). Estavam na vanguarda do evangelismo: pois juntas se esforçaram [lutaram] comigo no evangelho" (4:3), escreve Paulo. Não há nelas sugestão de heresia ou imoralidade; elas simplesmente não se dão bem. O que Paulo faz?

Primeiro, ele suplica a elas. Não é maravilhoso? Ele não começa com mão pesada de autoridade; não cita suas credenciais apostólicas nem as põe no seu lugar. Seu apelo é pessoal e apaixonado: não é calculado para envergonhá-las. São lições importantes a aprender aqui, para os que forem chamados a mediar conflitos de personalidade no meio da igreja.

Segundo, ele pede à pessoa encarregada de receber a carta que intervenha e ajude essas duas mulheres. Às vezes, os atritos entre crentes tornam-se tão severos que o curso de sabedoria é uma terceira pessoa servir como mediadora entre os dois lados, tentando ajudar ambos a enxergar as coisas pela perspectiva do outro e pensar no que a atitude de fidelidade cristã deve ser, dentro das circunstâncias. Quem era o mediador neste caso, não sabemos. Quando uma carta era enviada a igreja local toda, como era o caso desta, ela tinha de ser mandada especificamente a uma pessoa que a leria para

Nunca desista da caminhada cristã **139**
Filipenses 4:1-23

toda a igreja. Com certeza Paulo, bem como a igreja, sabia quem era esse indivíduo, mas nós não sabemos. É razoável presumir que essa pessoa fosse presbítero, pastor; pode até ter sido Lucas, mas não sabemos com certeza. Na verdade, é possível até que o vocábulo "companheiro de jugo" seja um nome próprio, embora não exista prova independente desse nome no mundo antigo. Nesse caso, ao referir-se ao homem como (literalmente) "verdadeiro companheiro de jugo", Paulo está fazendo um trocadilho. Companheiro de jugo no nome e verdadeiro companheiro de jugo em ação, pois você está sob o mesmo jugo comigo na causa do evangelho. Mas, qualquer que seja essa pessoa, Paulo pede que intervenha.

Terceiro, a substância do pedido de Paulo às mulheres, e o alvo da intervenção que ele pede de seu "leal companheiro de jugo" é que as duas "pensem concordemente no Senhor". O verbo "concordar" é comum em Filipenses, aparecendo não menos que dez vezes nestes quatro curtos capítulos. O que exatamente Paulo está pedindo?

1. Isso não é um apelo por unidade ao preço da verdade. Paulo não diz "não importa o que acontece entre vocês duas, enterrem o machado. Não deixem a doutrina atrapalhar a unanimidade, simplesmente amem-se e isso basta". Paulo, que considera importante as questões doutrinárias, e pode marcar uma linha divisória entre a pessoa que está reconciliada com Deus e a pessoa que é anátema (Gálatas 1:8-9), não estaria escorregando aqui para um sentimentalismo relativista. Quando os interesses fundamentais do evangelho estão em jogo, às vezes, é necessário dividir. Mas isso não era o que estava acontecendo aqui em Filipos.

140 O CRISTÃO VERDADEIRO

2. À luz do argumento de Filipenses como um todo, esta não é uma exigência desesperada de concordância perfeita quanto a todos os assuntos. Paulo não diz a Evódia e Síntique: "Minhas senhoras, espero que vocês concordem sobre todo aspecto de doutrina e vida e resolvam as suas diferenças, chegando a concordar perfeitamente em tudo". Isso porque, onde este verbo é usado em outros trechos, o apelo é mais amplo e mais profundo. Lembre, afinal, o argumento de Paulo no começo de Filipenses 2, onde ocorre o mesmo verbo (aqui em itálico): "Se há, pois, alguma exortação em Cristo, alguma consolação de amor, alguma comunhão do Espírito, se há entranhados afetos e misericórdias, completai a minha alegria, de modo que *penseis a mesma coisa*, tenhais o mesmo amor, sejais unidos de alma, tendo o mesmo sentimento" (2:1-2). Noutras palavras, Paulo apela para que tenham uma atitude de pensamento que adote a mesma direção básica que a de outros crentes, o mesmo alvo fundamental, a mesma orientação e as mesmas prioridades — ou seja, uma *orientação evangélica*.

Algumas honestas diferenças de opinião entre crentes autênticos poderiam ser resolvidas apenas se as pessoas tomassem tempo para organizar o pensamento quanto a por que eles enxergam de maneira diferente, e se tomassem esses pontos de vista e atitudes e os submetessem novamente, com autocrítica, às Escrituras. Mas muitas disputas não serão resolvidas, porque os que estão discutindo não vão tirar tempo ou esforços para estudar juntos as Escrituras. Em alguns casos, nenhum lado quer ser corrigido ou afiado; os dois lados estão convencidos de estarem certos e os meros fatos não os

Nunca desista da caminhada cristã **141**
Filipenses 4:1-23

corrigirão. Em qualquer dos casos, só querem ser vencedores. Com um pensamento assim, eles se esquecem facilmente que sempre será no máximo inadequado — e francamente, pecaminosamente errado — tentar manipular os crentes para mudarem de ideia. Você sabe o tipo de comentário que estou pensando: "A sua posição fere os meus sentimentos. Você não confia em mim?". A chantagem emocional jamais será marca de piedade. Nunca é sinal de maturidade cristã quando, sob o pretexto de preservar bom relacionamento, cristãos tentam manipular uns aos outros. Em geral, o que está sendo exposto é vergonhosa imaturidade. Onde existe discordância por princípio, discuta-os até a solução. Tomem suas Bíblias, pensem e pesem essas coisas, descubram por que vocês discordam, e estejam dispostos a ser corrigidos.

Em todo caso, porém, se conseguir concordância neste ou naquele detalhe, identifique o que é absolutamente prioridade, e comecem com isso. Enfoquem no que vocês têm em comum. Certifique-se que concordem quanto ao evangelho. Esforcem-se para desenvolver concordância perfeita nas questões de maior importância: o evangelho, a Palavra de Deus, a glória de Cristo, o bem do povo de Deus, a beleza da santidade, a feiura do pecado — especialmente do seu próprio pecado. As diferenças pessoais jamais deveriam ser motivo para promover o seu próprio partido, para afagar egos feridos, valer-se de triunfalismo barato, para podar o evangelho apelando para o pragmatismo. Enfoque o que os une: o evangelho, o evangelho, o evangelho. Tenham o mesmo pensamento; pensem nas mesmas coisas; concordem uns com os outros. Trabalhem duro e com humildade nessas

142   O CRISTÃO VERDADEIRO

questões centrais, e na maioria das vezes, as questões periféricas se resolverão sozinhas. Busque ter o mesmo pensamento com outros crentes. Isso o capacitará a fortalecer todos os lados, para que você nunca abandone a caminhada cristã.

Resolva sempre regozijar-se no Senhor (4:4)

Paulo escreve: "Alegrai-vos sempre no Senhor; outra vez digo: alegrai-vos" (4:4). Claro que Paulo já havia apresentado este tema em sua carta. No primeiro capítulo, ele assegurou a seus leitores: "fazendo sempre, com alegria, súplicas por todos vós, em todas as minhas orações, pela vossa cooperação no evangelho, desde o primeiro dia até agora..." (1:4-5).

O tema se repete no capítulo 2: Paulo está pronto a ser derramado em libação, sacrifício sobre o sacrifício deles, e se isso acontecer, ele se alegrará e espera que eles se alegrem com ele nisso (2:17-18). O mesmo tema aparece no capítulo 3: "Quanto ao mais (finalmente), irmãos meus, alegrai-vos no Senhor. A mim, não me desgosta e é segurança para vós outros que eu escreva as mesmas coisas" (3:1). E agora, mais uma vez ele volta ao assunto de forma muito enfática.

Sem dúvida, os filipenses não poderiam ler muitas exortações do apóstolo dessa espécie, sem lembrar que Paulo havia sido exemplo primeiro desta virtude, quando pela primeira vez pregou o evangelho entre eles. Conforme narra Atos 16, ele e Silas foram presos e lançados na cadeia. Açoitados, feridos, com os pés no tronco, não demonstraram nenhum sopro de autopiedade. Longe disso; começaram um coro de louvor à meia noite. Agora Paulo se encontra de

Nunca desista da caminhada cristã 143
Filipenses 4:1-23

novo na prisão. Não escreve sua epístola de um chalé no sul da França, nem tirando alguns minutos entre os prazeres de remar nas águas das Bahamas. Está preso. E o que ele diz? "Aguentem firmes aí, irmãos, enquanto eu mesmo tento suportar tudo"? Não mesmo! "Alegrai-vos sempre no Senhor; outra vez digo: alegrai-vos" (4:4).

Em certo sentido, essa injunção é tão evidentemente certa que deve envergonhar-nos ter de ser lembrados dela. Com certeza, todos os homens e mulheres redimidos desejarão se alegrar no Senhor. Nossos pecados foram perdoados! Fomos declarados justos, porque outro carregou nossa culpa. Recebemos o dom do Espírito, o penhor da herança prometida que será nossa, quando Jesus voltar. Somos filhos do Deus vivo. Nossos "setenta ou oitenta anos" podem estar carregados de dificuldades, mas a eternidade nos aguarda, assegurada pelo Filho de Deus. Veremos Cristo face a face e passaremos a eternidade na mais pura adoração e em santidade consumada. Se deixarmos de responder com alegria e gratidão, quando lembrados dessas coisas, ou é porque não entendemos corretamente a profundeza do abismo da nossa natureza pecaminosa e da maldição do pecado do qual fomos libertados por Jesus, ou porque não avaliamos adequadamente o esplendor das alturas para as quais fomos levantados.

Feliz, portanto, o crente que pode repetir as palavras de Davi com entendimento renovado: "Tirou-me de um poço de perdição, de um tremedal de lama; colocou-me os pés sobre uma rocha e me firmou os passos. E me pôs nos lábios um novo cântico, um hino de louvor ao nosso Deus;

144 O CRISTÃO VERDADEIRO

muitos verão essas coisas, temerão e confiarão no Senhor" (Salmos 40:2-3). Feliz o cristão que enxerga em todo pecado um monstro que poderia facilmente o prender pela eternidade, não fosse pela graça de Deus. Não é de se admirar, então, que Pedro tenha escrito: "a quem, não havendo visto, amais; no qual, não vendo agora, mas crendo, exultais com alegria indizível e cheia de glória, obtendo o fim da vossa fé: a salvação da vossa alma" (1Pedro 1:8-9). Podemos entrar no reino de Deus mediante o sofrimento (Atos 14:22), mas este é caracterizado pela alegria. Paulo insiste que "porque o reino de Deus não é comida nem bebida" — ou seja, de obediência de regras e observar as leis de alimentos *kosher* — "mas justiça, e paz, e alegria no Espírito Santo. Aquele que deste modo serve a Cristo é agradável a Deus e aprovado pelos homens" (Romanos 14:17-18).

Observe, no entanto, alguns detalhes neste texto. Primeiro, somos exortados a alegrar-nos *no Senhor*. O ponto de controle não é o estilo de alegria, mas a base. Não estamos necessariamente nos alegrando no Senhor, quando somos barulhentos, desinibidos e animados numa grande conferência onde os cânticos nos embalam . Tal louvor poderá, em alguns casos, ser totalmente apropriado; igualmente a alegria no Senhor poderá ser expressa no cântico solene, com lágrimas de gratidão, no deleite puro das horas de oração. O foco de Paulo não está no estilo; está na base do regozijo.

A base máxima de nossa alegria jamais poderá ser nas circunstâncias, ainda que nós cristãos reconheçamos que nossas circunstâncias são providencialmente preparadas. Se

Nunca desista da caminhada cristã   **145**
Filipenses 4:1-23

nossa alegria é derivada principalmente das circunstâncias, então, quando as circunstâncias mudarem, estaremos desgraçados. Nosso deleite tem de estar no Senhor mesmo. É isso que nos faz capazes de viver *acima* das circunstâncias. Conforme Neemias coloca: porque a alegria do Senhor é a vossa força" (Neemias 8:10). Talvez seja essa uma das razões porque o Senhor, às vezes, permite circunstâncias miseráveis que nos fustiguem — para que aprendamos esta lição. Talvez seja esta a razão porque Tiago aconselha sabiamente: "Meus irmãos, tende por motivo de toda alegria o passardes por várias provações, sabendo que a provação da vossa fé, uma vez confirmada, produz perseverança. Ora, a perseverança deve ter ação completa, para que sejais perfeitos e íntegros, em nada deficientes" (Tiago 1:2-4). Quaisquer que sejam os mistérios do mal e da tristeza, eles têm um efeito salutar de ajudar os crentes a mudarem a base de sua alegria das coisas criadas para o Criador, das coisas temporárias para as que são eternas, do jingoísmo para Jesus, do consumismo para Deus. Como diz o cântico: "Lavou-me os olhos com lágrimas para que eu pudesse ver".

Segundo, o texto responde implicitamente duas perguntas: (1) Quando e (2) Por quanto tempo devemos nos regozijar no Senhor? A resposta a ambas é *sempre*. "Alegrai-vos sempre no Senhor; outra vez digo: alegrai-vos" (4:4). Esta é uma ordem, não apenas um bom conselho. A obediência a este mandado é possível porque a base da alegria não muda. Nossas circunstâncias poderão nos causar pesar, lágrimas, tristeza. A não ser que o Senhor volte antes, cada um de nós enfrentará a morte — nossa própria morte, a

146 O CRISTÃO VERDADEIRO

morte de pessoas amadas e amigas. E choraremos. Porém, mesmo nessas lágrimas, podemos nos alegrar, e nos alegraremos. Temos de nos alegrar, porque alegramo-nos no Senhor. Ele não muda. É por isso que devemos nos alegrar *sempre* no Senhor.

Deus sabe que o crente que obedece conscientemente a esta ordem não pode ser caluniador ou fofoqueiro. Um crente dessa espécie não pode ser orgulhoso de sua espiritualidade, nem cheio de presunção; não pode ser avarento, nem faltoso na oração; não pode fazer queixumes crônicos, nem ser perpetuamente amargo. A cura para um espírito esmagado e amargurado é ver Cristo Jesus, o Senhor, e então se alegrar nele. Os pecados encobertos ou alimentados sempre serão sinal de que nossa visão de Jesus está fraca e nossa alegria nele evaporou com o orvalho da manhã. Por contraste, o crente que pratica a alegria no Senhor descobrirá cada vez mais bálsamo em meio à dor do coração, descanso no meio da tensão exaustiva, amor no meio da solidão, e a presença de Deus no controle de circunstâncias excruciantes. Um crente assim nunca desiste do andar cristão. Resolva sempre alegrar-se no Senhor.

Resolva ser conhecido por moderação e gentileza (4:5)

Paulo ordena: "Seja a vossa moderação conhecida de todos os homens. Perto está o Senhor" (4:5). A palavra aqui traduzida por moderação, na NVI "amabilidade", não é fácil de traduzir. Ela se refere ao oposto exato do espírito contencioso e egocêntrico, razão pela qual a NVI traduz como *amabilidade*. Porém, essa amabilidade não pode ser confundida com ser frouxo, com o tipo de pessoa cuja personalidade é como um pano de prato mole e molhado. O que ele tem em vista é certa bondade voluntária de alguém que fica em segundo plano.

Isso sugere que haja alguma ironia na exortação de Paulo. Ela fica clara, quando exageramos na tradução: "Seja conhecido por ofuscar a si mesmo". Talvez, o pedante argumente que ser retraído pode obstruir o desejo de ser conhecido; *tentar* ser conhecido por algo com certeza anula o ser conhecido por ser retraído. Mas agora estamos próximos ao ponto que Paulo está destacando.

Pelo que a maioria de nós deseja ser conhecida? Você quer ser conhecido por sua aparência extraordinariamente bela? Quer ser conhecido por sua mente ágil, seu senso de humor, sua sagacidade? Quer ser conhecido por suas riquezas, pelas conexões de sua família? Ou talvez você seja mais piedoso e deseja ser conhecido por sua vida de oração ou por suas excelentes habilidades como líder no estudo bíblico indutivo? São muitos os pregadores que desejam ser conhecidos por sua marcante pregação.

Como isso é assustador! O triste fato é que mesmo nossos melhores e mais altos motivos são facilmente solapados pelo autocentrismo, de modo que começamos a ignorar essa triste realidade. Paulo chega ao cerne da questão: seja conhecido por sua moderação.

Os "pecados do eu" são traiçoeiros e execravelmente ilusórios. Em um de seus livros, A. W. Tozer escreve:

148   O CRISTÃO VERDADEIRO

Especificamente, os pecados do eu são de autojustiça, autopiedade, autoconfiança, autossuficiência, auto-admiração, amor próprio e uma multidão de outros parecidos. Eles habitam profundamente dentro de nós e são tão parte de nossa natureza, que não nos chamam atenção até que a luz de Deus esteja focada neles. As manifestações mais grosseiras desses pecados, como o egoísmo, exibicionismo, autopromoção, são estranhamente tolerados nos líderes cristãos, até mesmo em círculos de impecável ortodoxia... A promoção de si mesmo sob a aparência de promover a Cristo é atualmente tão comum que não provoca nenhuma atenção.

Isso foi escrito há várias décadas. O que Tozer diria hoje? Ele continua:

O ego vive sem ser repreendido no próprio altar; pode assistir a morte da Vítima Sangrenta, sem ser afetado pelo que viu. Pode lutar pela fé dos Reformados e pregar com eloquência o credo de salvação pela graça, e se fortalecer com seus esforços. Para dizer toda a verdade, parece se alimentar da ortodoxia e se vê à vontade em uma conferência bíblica mais do que numa taverna. Nosso estado de anseio por Deus poderá dar ao ego uma excelente condição em que prosperar e crescer.[9]

É fácil enganar-se e substituir o movimento autêntico do Espírito por inúmeras falsificações. Talvez mais difícil seja o movimento onde existe algo autenticamente vindo de Deus, unido com não pouco proveniente da carne. Na América do último século, houve muitos "avivamentos de

---

9   A.W.Tozer, *The Pursuit of God* (Harrisburg, PA: Christian Publications, 1944), 45-46.

acampamentos". Eram reuniões evangelísticas buscando santidade, com alvo de chamar as pessoas ao arrependimento. Na fronteira norte-americana, estas eram muito bem frequentadas. Sem dúvida, foram meio de bênção para muitas pessoas. Mas em um estudo doloroso, vê-se que nove meses depois dessas reuniões de acampamento havia um altíssimo nível de nascimentos de filhos ilegítimos. Isso não nos surpreende? Podemos entender por quê. Havia tal espírito de amizade, camaradagem e proximidade que a intimidade em uma área derramava sobre as outras, até que uma das características dos "avivamentos campais" foi um número desproporcional de filhos ilegítimos. Com certeza, isso não provinha de Deus.

Um dos testes que podemos aplicar para saber se um movimento vem de Deus — embora com certeza esta não seja a única prova — é observar o grau em que os afetados fazem de seu alvo serem gentis e moderados. Nisto, estão tornando-se como seu Mestre. Esta não é uma das lições que aprendemos, no capítulo 2 desta epístola? "Tende em vós o mesmo sentimento que houve também em Cristo Jesus" (2:5). Paulo insiste, e depois delineia como este Jesus — embora desfrutasse de igualdade com Deus — não via tal igualdade como algo a ser explorado, mas tornou-se nulo, tornando-se ser humano, e morreu a morte ignomínia e vergonhosa da crucificação. Ele tornou-se conhecido por seu altruísmo.

Que Deus conceda aos que leem estas páginas que orem sinceramente pedindo esta virtude, e resolvam firmemente segui-la, pois tais crentes jamais serão abalados; nunca desistirão de andar como cristãos.

150 O CRISTÃO VERDADEIRO

Às vezes, cantamos essas coisas melhor do que as vivemos:

> Que a Palavra de Deus habite ricamente
> em meu coração de hora em hora,
> para que todos vejam que meu triunfo
> é somente pelo seu poder.
>
> Que o amor de Jesus me encha,
> como as águas cobrem o mar;
> a ele exaltando, abaixando meu eu —
> esta é a vitória.
>
> Que a sua beleza repouse sobre mim
> quando busco ganhar os perdidos,
> e que esses esqueçam o canal,
> e vejam somente a ele.
>
> Kate Barclay Wilkinson
May the Mind of Christ my Savior

Resolva ser conhecido por sua moderação. Paulo dá uma razão específica para obedecermos esta injunção. Seja a vossa moderação conhecida de todos os homens. Perto está o Senhor". Isto significaria uma de duas coisas; ambas fazem sentido, e eu não tenho certeza a qual delas o apóstolo se refere:

Paulo podia estar dizendo que o Senhor está *temporalmente* próximo, ou seja, ele vem sem demora. Neste caso, o argumento corre assim: À luz da iminente volta do Senhor Jesus (sobre a qual uma urgente referência foi feita no final de Filipenses 3), é mais que um incentivo firme que sejamos amáveis e moderados. A volta do Senhor nos dá o incentivo. Como o apóstolo João escreveu em outro lugar: "E a si mesmo se purifica todo o que nele tem esta esperança [a esperança da vinda do Senhor e da nossa transformação nesse tempo], assim como ele é puro" (1João 3:3).

> O que você gostaria de estar fazendo, quando Jesus voltar?
> O que você gostaria de estar falando, quando Jesus voltar?
> Sobre o que você gostaria de estar pensando, quando Jesus voltar?

Cada um de nós pode pensar prontamente naquilo que não gostaríamos de estar fazendo, dizendo ou pensando, quando Jesus voltar. Quando eu era menino na Escola Dominical, cantávamos o corinho:

> Fazer boas obras, plantar boa semente,
> Deixar as loucuras da vida para trás;
> Dar meu melhor, suportar cada prova —
> É assim que quero que Jesus me encontre.

"Seja vossa moderação conhecida de todos os homens. Perto está o Senhor" (4:5). Este é um jeito de ler a segunda parte do versículo. Mas, devido às expressões específicas que Paulo utiliza, creio que seja um pouco mais provável que Paulo esteja querendo dizer que o Senhor está perto *espacialmente,* ou melhor, *pessoalmente.* Ele não está longe; está bem perto de nós. Como então poderíamos ceder à autopromoção?

152   O CRISTÃO VERDADEIRO

Suponhamos, por um momento, que o Senhor ressurreto e exaltado entrasse na sala onde você e os seus amigos estão sentados. Suponhamos que não houvesse dúvida na mente de qualquer pessoa quanto à sua identidade. Como você responderia? Será que você correria imediatamente para ele e *apavonaria* a sua excelência? Quando ele lhes mostrasse um vislumbre da sua glória e virasse as mãos com as marcas dos pregos, você seria rápido para desfilar as virtudes que você tem? A essa altura, a autopromoção faria parte do seu pensamento? Nada disso! Mas este é o ponto: o Senhor Jesus prometeu que estaria presente, por seu Espírito, onde até mesmo dois ou três de seus discípulos estivessem reunidos em seu nome. Isso muda a realidade fundamental, simplesmente porque nós não o vemos no momento?

"Seja a vossa moderação conhecida de todos os homens. *Perto* está o Senhor" (4:5).

Resolva não andar ansioso por coisa alguma, mas aprenda a orar (4:6-7)

Talvez esta seja a resolução mais surpreendente até agora, mas nada mais é que uma paráfrase das palavras de Paulo: "Não seja ansioso por nada, mas em tudo, pela oração e súplica, com ações de graças, apresente os seus pedidos a Deus" (4:4).

Há um sentido em que nossa sociedade exige que nos preocupemos numa escala mais ampla do que qualquer outra sociedade na história da raça humana. Se fôssemos viajar no tempo uns oitocentos anos ou mais, descobriríamos que a maioria das pessoas na Europa não se preocupava senão

Nunca desista da caminhada cristã **153**
Filipenses 4:1-23

com questões locais. É claro que essas questões locais podiam ser severas: a ajuda médica não era de impressionar e a maioria das famílias perdia uma criança ou mais: a vida era severa, brutal e curta. Mas a comunicação com as outras partes do mundo era difícil e atrasada. A maioria das pessoas dava pouca atenção ao que as pessoas no município vizinho estariam fazendo, quanto mais no país mais próximo, ou no outro continente. Exceto nos eventos extraordinários como as Cruzadas, quando seu senhor feudal local poderia pegá-lo e levá-lo para a guerra, você não seria chamado a preocupar-se com o cenário internacional. Até mesmo as notícias nacionais que podiam afetá-lo chegavam tarde e eram essencialmente estranhas. A grande maioria das pessoas mal podia imaginar a aparência de seu próprio monarca, pois não existiam fotografias, nem quadros impressos e circulados pelo reino.

Veio então a imprensa. Foi seguida pelo telégrafo. Alexander Bell inventou o telefone; Marconi inventou o rádio. Não muito tempo atrás, começamos a enfeitar os ares com satélites. Minhas comunicações via e-mail com um colega em, digamos, Papua – Nova Guiné saltam de um refletor no espaço a vinte mil pés de distância. Mas o resultado dessas comunicações grandemente aprimoradas, claro, é que hoje falamos sobre a "Vila Global". Alguns tiros podem ser dados em qualquer lugar do mundo e se, na opinião dos editores dos meios de comunicação, nada mais significativo ocorreu para chamar a atenção da televisão, todo o episódio será repetido naquela noite no jornal, convidando-nos à preocupação.

154 O CRISTÃO VERDADEIRO

Assim, nossos avanços na comunicação exigem que nos preocupemos com a paz, a economia, a fome no Sahel, enormes disparidades de riqueza na América Latina e nas Filipinas, o declínio cultural do Ocidente, o desmantelamento do império soviético, conflitos civis nos Bálcãs, o genocídio em Ruanda e assim por diante.

É claro que nossas preocupações não se limitam às questões internacionais. Constantemente são feitas pesquisas sobre problemas pessoais e culturais, verificadas demograficamente, analisadas estatisticamente, exibidas em nossos jornais e nossas televisões. Então, muda a economia e, de repente, poucos têm empregos permanentes e não poucos ficam sem nenhum emprego. Poderemos, claro, acrescentar na parada regular de pressões: problemas com o carro, conflito com colegas de trabalho, exames iminentes e as expectações que família e amigos impõem sobre nós, a competição no trabalho, uma família em decomposição e um casamento árido, um filho adolescente rebelde, o luto e a perda de alguém importante, insegurança financeira. As pressões se amontoam e nos cercam e atormentam, até que mesmo o cristão que ouviu a ordem desta passagem ("Não andeis ansiosos de coisa alguma; em tudo, porém, sejam conhecidas, diante de Deus, as vossas petições, pela oração e pela súplica, com ações de graças") sorri, meio amargurado, e murmura: "Você simplesmente não entende; não dá para fazer assim!".

Insisto que é claro que pode ser feito. Uma parte de nosso problema está em que ouvimos a ordem de não andarmos ansiosos — talvez numa conferência ou em um

Nunca desista da caminhada cristã 155
Filipenses 4:1-23

livro — sorrimos piamente, cerramos os dentes, resolvemos não andar ansiosos, e prontamente ficamos preocupados com não ser preocupado! O que deixamos de perceber é que a Escritura está nos dizendo aqui mesmo *como* vencer nossa ansiedade. Não andar ansioso não é uma proibição nua e crua: a alternativa é imediatamente oferecida: "em tudo, porém, sejam conhecidas, diante de Deus, as vossas petições, pela oração e pela súplica, com ações de graças" (4:6).

Aqueles de nós nascidos na família de Deus sabem dessas coisas. Mas saber a respeito disso e encontrá-las verdadeiramente na nossa experiência pessoal são duas coisas diferentes. Quando foi a última vez que você orou explicitamente, detalhadamente, sobre as coisas que o preocupam, perturbam, aborrecem? Você as tomou e contou para Deus, uma a uma, lançando os seus fardos sobre ele?

Vez após vez, em silêncio diante de Deus, é o que precisamos. Nossas vidas são tão corridas que reclamamos de três minutos gastos em "hora silenciosa", e depois nos perguntamos onde está Deus. O salmista acertou, quando disse: O que habita no esconderijo do Altíssimo e descansa à sombra do Onipotente diz ao SENHOR: Meu refúgio e meu baluarte, Deus meu, em quem confio" (Salmos 91:1-2). Cristãos que chegam regularmente diante do Pai em oração descobrem que Pedro acertou: "lançando sobre ele toda a vossa ansiedade, porque ele tem cuidado de vós" (1Pedro 5:7). Descobrem que Paulo estava certo: "Sabemos que todas as coisas cooperam para o bem daqueles que amam a Deus, daqueles que são chamados segundo o seu propósito"

156   O CRISTÃO VERDADEIRO

(Romanos 8:28). Somos refrigerados com a certeza da soberania e sábia bondade de Deus. Conforme Filipenses 4, o modo de não andar ansioso por nada é orar sobre tudo ("em tudo, porém, sejam conhecidas, diante de Deus, as vossas petições, pela oração e pela súplica, com ações de graças" (4:6). J. A. Bengel estava certo em insistir que a ansiedade e a oração autêntica são opostos, mais do que fogo e água. Ainda não encontrei um preocupado crônico que desfrute de excelente vida de oração.

> Vós santos temerosos, renovada coragem tomai;
> As nuvens que tanto vos apavoram
> São prenhes de misericórdias, e romperão
> Em bênçãos sobre vossa cabeça.
>
> Não julgai o Senhor por fraco senso
> Mas nele por sua graça confiai;
> Atrás de carrancuda providência
> Esconde a sua face sorridente.
>
> Seus propósitos melhor amadurecerão,
> Desdobrando-se a cada hora;
> O botão poderá ter amargo sabor
> Mas doce será a sua flor.
>
> A incredulidade cega certamente erra,
> e em vão vasculha a sua obra.
> Deus é seu próprio intérprete,
> E deixará claro a tudo quanto faz.

William Cowper
God Moves in Mysterious Ways (Deus move de modo misterioso)

Nunca desista da caminhada cristã   157
Filipenses 4:1-23

Nada disso deve ser erroneamente entendido como uma abordagem à vida, conforme via Poliana. Os cristãos não são avestruzes que enfiam a cabeça na areia. Nada disso significa que nossos caminhos serão sempre suaves e com rosas perfumadas. Não há nenhuma sugestão de que viveremos acima das pressões de outros mortais, fugindo delas. Longe disso. É exatamente no conflito das pressões que temos de suportar que encontramos descanso em Deus. Se você pouco se preocupa, simplesmente porque até aqui a Providência o tem abençoado com uma passagem relativamente fácil, ou se você tem pouca ansiedade porque tem uma personalidade despreocupada, você sabe muito pouco sobre a verdade desta passagem. Esta passagem não nega a existência de ansiedades; a passagem diz o que fazer com elas. Não diz que se tivermos uma personalidade correta conseguiremos viver acima das tensões — ela nos diz onde encontrar força e graça para nos ajudar em tempos de necessidade.

Na verdade, temos de passar à ofensiva. Não devemos somente apresentar nossas orações e petições a Deus — temos de fazê-lo "com gratidão". Isto, com certeza, é o que em outro trecho é chamado de "sacrifício de louvor" (Hebreus 13:15). Qualquer pessoa pode oferecer louvor quando as coisas estão dando certo. Louvar quando, pelo conhecimento humano, tudo está mal — é isso que demanda o sacrifício de louvor. Em Filipenses 4, Paulo insiste que esta deve ser nossa atitude constante: junto com nossas petições e nossos cuidados, oferecemos ações de graça ao Pai celestial. De fato, até mesmo na tristeza e aflição mais extrema, há muito pelo qual agradecermos a Deus — acima de tudo, pelo privilégio

158   O CRISTÃO VERDADEIRO

de sermos reconciliados com ele pela morte de seu Filho amado, e por todas as bênçãos que nos sobrevêm, nesta vida e no porvir, em razão desta grande salvação.

Resolva não andar ansioso sobre qualquer coisa, mas aprenda a orar. Conforme Paulo descreve, o resultado é lindo: "E a paz de Deus, que excede todo o entendimento, guardará o vosso coração e a vossa mente em Cristo Jesus" (Filipenses 4:7). Mais uma vez, fica claro que Paulo não espera que as respostas às orações nos tirem dos problemas, mas que nosso coração e nossa mente serão guarnecidos pela paz de Deus. Isto não é um pouquinho de hábil psicologia que se analisa facilmente. No final do dia, é totalmente sobrenatural e "transcende a todo entendimento". Faz parte da tão conhecida experiência cristã, como muitos que leem estas páginas poderão atestar, e não pode ser reduzida a um pedacinho de sugestão engenhosa ou conforto escapista. A paz de Deus nos estabiliza, guarda, infunde da alegria do Senhor. Os cristãos se deleitam em confiar nele. Nas palavras de um pregador escocês do século passado:

> Em pé, firme estou no monte de Deus
> Com o brilho do sol em minha alma;
> Ouço as tempestades nos vales abaixo,
> Ouço o revolver dos trovões.
>
> Mas contigo estou calmo, ó meu Deus
> Sob esse glorioso céu,
> E na altura sobre a qual estou firmado
> Não há tempestades, não surgem nuvens.
> Oh! Isso é vida! Oh! Isso é alegria.

Nunca desista da caminhada cristã 159
Filipenses 4:1-23

Achar-te assim, ó Meu Deus:
Ver tua face, ouvir tua voz
E conhecer todo teu amor.
Horatius Bonar
Ou novamente:
Goteja teu suave orvalho de calma
Até que cessem todas as nossas lutas;
Toma de nossa alma as tensões e os pesos,
Deixando que nossas vidas ordeiras confessem
A beleza de tua paz.

Assopra sobre o calor de nossos desejos
O teu refrigério e teu bálsamo;
Emudeça o senso, retraia a carne;
Fala através do terremoto, vento e fogo,
ó tu pequena e suave voz da calma!

John Greenleaf Whittier
Dear Lord and Father of Mankind

Resolva não andar ansioso por coisa alguma, mas aprenda a orar. Nada provará ter maior efeito no seu fortalecimento espiritual, dando-lhe graça para nunca desistir da caminhada cristã.

Resolva ter pensamentos santos (4:8-9)

Com certeza, era isso que Paulo queria dizer, ao afirmar: "Finalmente, irmãos, tudo o que é verdadeiro, tudo o que é respeitável, tudo o que é justo, tudo o que é puro, tudo o que é amável, tudo o que é de boa fama, se alguma virtude há e se algum louvor existe, seja isso o que ocupe o vosso pensamento" (4:8).

160 O CRISTÃO VERDADEIRO

Sempre fico temeroso ao lembrar que Deus conhece os meus pensamentos. Hebreus 4:13 nos lembra: "E não há criatura que não seja manifesta na sua presença; pelo contrário, todas as coisas estão descobertas e patentes aos olhos daquele a quem temos de prestar contas". Não é de se admirar que Davi, depois de seu pecado com Bate-Seba, pudesse escrever: Sonda-me, ó Deus, e conhece o meu coração, prova-me e conhece os meus pensamentos; vê se há em mim algum caminho mau e guia-me pelo caminho eterno" (Salmos 139:23-24).

Está claro que Davi não somente reconheceu que Deus *conhecia* seus pensamentos, como também que qualquer reforma real em sua vida teria de *começar com seus pensamentos*. Foi isso que o Senhor Jesus ensinou no Sermão do Monte, que o assassinato tem sua origem no ódio e o adultério, na lascívia (Mateus 5:21-22; 27-30). É também por isso que, da perspectiva de Deus, a verdadeira medida da pessoa está naquilo que ela pensa — não no que possui ou faz, mas no que pensa. Se você tem pensamentos santos, você será santo; se você pensa em lixo, você será lixo.

Assim, não devia nos surpreender que os profetas insistissem: "Deixe o perverso o seu caminho, *o iníquo, os seus pensamentos*; converta-se ao SENHOR" (Isaías 55:7). Um dos remédios soberanos contra o pecado é passar grande tempo, tempo bem-pensado, tempo meditativo, nas Escrituras, pois é impossível nos livrarmos do lixo das nossas cabeças sem substituí-lo por um modo de pensar totalmente diferente. Até mesmo aos reis e líderes, pessoas extraordinariamente ocupadas, é dito que esta deve ser sua primeiríssima

Nunca desista da caminhada cristã **161**
Filipenses 4:1-23

prioridade (Deuteronômio 17:18-20; Josué 1:7-9). Na noite em que ele foi traído, Jesus orou por seus seguidores nos seguintes termos: "Santifica-os na verdade; a tua palavra é a verdade" (João 17:17). Não existe santidade que perdure sem que a verdade do evangelho tome conta de nossa mente. O jeito de evitar conformar-se com este mundo, o jeito como somos transformados em conformidade com Cristo, é pela renovação de nossa mente (Romanos 12:2).

Sei que é possível alguém adquirir um conhecimento mecânico das Escrituras, que não seja caracterizado pelo arrependimento e fé, e que assim permanece espiritualmente sem frutos. Mas para a maioria de nós, não é este o perigo atual. Nosso perigo atual é que muito pouco nos esforçamos para pensar os pensamentos de Deus após ele, esconder no coração a sua palavra, para não pecarmos contra ele (Salmos 119:11). Esconder a Palavra de Deus no coração — em oposição a nossos computadores — significa que devemos memorizá-la, ler e reler a Palavra, revirá-la em nossa mente. Somente tal absorção completamente leal do que Deus diz nos capacitará a confrontar e transformar cosmovisões antibíblicas que nos cercam, ou, conforme diz Paulo: "anulando nós sofismas e toda altivez que se levante contra o conhecimento de Deus, e levando cativo todo pensamento à obediência de Cristo" (2Coríntios 10:5).

Na passagem diante de nós, Paulo coloca as coisas de maneira muito concreta. Pense em coisas verdadeiras, Paulo insiste. Não no que é falso. Pense nas coisas nobres, não nas ignóbeis. Pense naquilo que é justo e verdadeiro; não fique pensando no errado. (O que isso diz sobre os programas que

162 O CRISTÃO VERDADEIRO

você assiste na televisão?) Pense no que é puro, não no que é sujo. Pense no belo, não no que é nojento. Pense no admirável, não no desprezível. O que for excelente — pense nisso!

Essa não é uma exigência escapista para evitar as duras realidades de nosso mundo caído. O triste fato é que muita gente fica pensando na sujeira, sem perceber que isso é sujeira. O cristão sábio vai ver bastante sujeira no mundo, mas o reconhece como sujeira, precisamente porque tudo que é limpo cativou sua mente. O compositor do hino que aprendi quando criança estava certo:

> Guia meus pensamentos, guarda-me de desviar
> Para caminhos não sábios para mim,
> Para que eu não traia o teu amor
> Afastando-me do calvário.

> Ou novamente
> Que a mente de Cristo meu Salvador
> Viva em mim dia a dia,
> Por seu amor e poder a controlar
> Tudo que faça e diga.

> Kate Barclay Wilkinson
> *May the Mind of Christ, my Savior*

Resolva cultivar pensamentos santos.

Além disso, este versículo (Filipenses 4:8) está atrelado ao próximo, que diz aos crentes de Filipos: "O que também aprendestes, e recebestes, e ouvistes, e vistes em mim, isso praticai; e o Deus da paz será convosco" (4:9). Paulo está voltando a um tema muito forte no capítulo anterior: devemos imitar os líderes cristãos dignos. Neste contexto, o

Nunca desista da caminhada cristã **163**
Filipenses 4:1-23

tema se aplica agora à disciplina da mente. Temos de emular líderes cristãos que claramente têm disciplinado as suas mentes. Não temos acesso à mente e aos pensamentos de outrem, exceto por meio do que essa mente diz e faz. Mas é este o ponto. Paulo está dizendo: "O que estava em minha mente, quando eu estive entre vocês? Sobre o que eu falava? O que eu lia? Qual era o peso da minha conversa? O que eu valorizava? O que eu fazia para melhorar minha mente? "O que também aprendestes, e recebestes, e ouvistes, e vistes em mim, isso praticai; e o Deus da paz será convosco" (4:9).

Resolva cultivar pensamentos santos. Isto é fundamental para o compromisso de nunca desistir da caminhada cristã.

Resolva aprender o segredo do contentamento (4:10-13)

Paulo começa este parágrafo comentando novamente o carinho dos filipenses em suprir as necessidades de Paulo, enviando-lhe socorro: "Alegrei-me, sobremaneira, no Senhor porque, agora, uma vez mais, renovastes a meu favor o vosso cuidado; o qual também já tínheis antes, mas vos faltava oportunidade" (4:10). A frase "agora, uma vez mais", neste contexto, não tem tons rogatórios, culpando os filipenses por serem vagarosos como se dissesse: "até que enfim" vocês o fizeram. Pelo contrário, quer dizer que agora, nos poucos dias mais recentes, após um extenso hiato, vocês renovaram sua preocupação comigo que demonstraram nos primeiros dias, há dez anos. Percebemos que isto é o que Paulo está

164 O CRISTÃO VERDADEIRO

dizendo, baseado na próxima frase: "também já tínheis antes, mas vos faltava oportunidade" (4:10).

Com perspicácia, Paulo percebe como sua exuberante gratidão aos filipenses poderia ser mal compreendida. Algumas pessoas expressam sua gratidão de tal forma, que é difícil evitar a inferência de que estão esperando outro presente. Pode ser que elas bajulem; talvez, não haja nada tangível em seu agradecimento que se possa apontar, mas você sente-se um tanto manipulado. De vez em quando, cartas de oração de missionários soam desse jeito; muito frequentemente, as cartas de agradecimento das organizações sem lucro e não governamentais soam assim. De qualquer modo, Paulo não quer se arriscar: quer se distanciar de todas essas possibilidades, portanto, imediatamente ele explica seus próprios motivos: "Digo isto, não por causa da pobreza, porque aprendi a viver contente em toda e qualquer situação. Tanto sei estar humilhado como também ser honrado; de tudo e em todas as circunstâncias, já tenho experiência, tanto de fartura como de fome; assim de abundância como de escassez; tudo posso naquele que me fortalece" (4:11-13).

É uma posição notável. Observe especialmente dois fatores:

Primeiro, o segredo do contentamento normalmente não é aprendido nas circunstâncias de luxo nem nas de privações, mas na exposição a ambos. Talvez, você tenha vindo de uma família abastada e nunca lhe faltou nada. Surge a pergunta se você estaria confortável e contente, se de repente fosse obrigado a viver na pobreza. Por outro lado, talvez você tenha vindo de origem muito pobre. Talvez, tenha aprendido

Nunca desista da caminhada cristã 165
Filipenses 4:1-23

a lidar com a incerteza e privação de maneira piedosa. Mas agora surge a pergunta: você poderia estar contente, se de repente enriquecesse? Isso o corromperia imediatamente? Ou você sentiria tanta culpa com todas essas posses, que mal poderia olhar-se no espelho?

Paulo insiste cuidadosamente que seu próprio contentamento funciona sob ambas as condições. "Tanto sei estar humilhado como também ser honrado; de tudo e em todas as circunstâncias, já tenho experiência, tanto de fartura como de fome; assim de abundância como de escassez" (4:12). Ele evita a arrogância, muitas vezes associada à riqueza; evita também o tipo de arrogância espiritual, muitas vezes associada à pobreza. O fato bruto é que Paulo está contente em ambas as situações, porque *seu contentamento não depende em nada das suas circunstâncias*. O seu contentamento é focado em tudo que tem em Cristo Jesus. Isso significa que ele aprendeu, por dura experiência, um contentamento descontraído em quaisquer circunstâncias.

Segundo, o segredo do contentamento cristão é bem diferente da autossuficiência estoica. Paulo não está reivindicando ser tão forte que nada o poderá mover. Nem está ele simplesmente decidido a viver independente das circunstâncias por um ato superlativo da sua vontade. Longe disso, ele confessa imediatamente que, se chegou a esse estágio de contentamento, deve tudo a Deus: "tudo posso naquele que me fortalece" (4:13).

Muitas vezes, este versículo é arrancado do seu contexto. Paulo não está dizendo que é um *super-homem* por ser cristão e ter Deus do seu lado. "Todas as coisas" certamente

166 O CRISTÃO VERDADEIRO

não é um termo ilimitado, como se Paulo dissesse "posso ressuscitar os mortos", ou "eu consigo andar sobre a água" ou "posso lhe mostrar como a fusão a frio é uma possibilidade prática". Pelo mesmo sinal, o versículo não deve ser usado por líderes de igreja bem intencionados e mal informados, que tentam manipular os membros da igreja a fazerem algo que eles realmente acham que não devem. "Mas dona Joana não pode dizer não para nosso convite de dar aula na escola dominical para meninos de dez anos de idade, só porque nunca ensinou antes, ou só porque acha que não tem o dom ou chamado, ou interesse nessa área. Paulo nos ensina que podemos fazer todas as coisas por Cristo, que nos fortalece". Isso é simplesmente horrível.

O "tudo" de Paulo é constrangido pelo contexto. Seu ponto é que, em quaisquer que forem as circunstâncias em que ele se encontra, quer com os ricos e poderosos quer com os pobres e desprovidos, quer pregue com unção para grandes multidões quer encarcerado numa imunda prisão, ele aprendeu a lançar-se sobre Deus *e estar contente*. Pode fazer todas essas coisas, tudo que Deus designar para ele, por meio daquele que lhe dá forças. Paulo está dizendo: que o evangelho avance, que a vontade de Deus seja feita em e através de mim. Estou contente, porque confio naquele que invariavelmente me fortalece para realizar aquilo que ele projetou para mim.

Requer força, decisão e perspectiva que somente Deus pode dar, para viver acima das circunstâncias mutáveis e difíceis. Mas viver acima das circunstâncias, totalmente contente em Cristo Jesus, é garantir que você nunca

Nunca desista da caminhada cristã **167**
Filipenses 4:1-23

desista da caminhada cristã; resolva aprender o segredo do contentamento.

Resolva crescer na graça da gratidão e cortesia cristã (4:14-23)

Estes versículos finais estão repletos de toques pastorais. Por mais que Paulo esteja contente, apesar das suas circunstâncias, ele é grato aos filipenses pelo que eles providenciaram: Todavia, fizestes bem, associando-vos na minha tribulação (4:14). Na verdade, eles foram os únicos cristãos da região que foram rápidos para socorrê-lo: "E sabeis também vós, ó filipenses, que, no início do evangelho, quando parti da Macedônia, nenhuma igreja se associou comigo no tocante a dar e receber, senão unicamente vós outros; porque até para Tessalônica mandastes não somente uma vez, mas duas, o bastante para as minhas necessidades" (4:15-16).

É útil seguir o curso de Paulo no mapa. Paulo saiu de Trôade, na Ásia Menor, e atravessou para a Europa, parando na cidade portuária de Neápolis e imediatamente prosseguindo para Filipos. Ali, ele e Silas foram açoitados e presos, e eventualmente conduzidos para fora da cidade, mas não antes de ter plantado essa igreja incipiente. Deixando Filipos, Paulo passou rapidamente por Anfípolis e Apolônia e chegou em Tessalônica, onde em pouco tempo iniciou mais uma igreja. Assim, Paulo está dizendo que, mesmo antes de chegar e começar a pregar o evangelho ali, antes de sair de lá e evangelizar em Atenas e Corinto, os filipenses já estavam encontrando maneiras de ajudar e perguntando-se que parte poderiam ter neste grande ministério. Aparentemente, Paulo

168   O CRISTÃO VERDADEIRO

ficou em Tessalônica apenas algumas semanas, mas durante esse tempo relativamente curto, os filipenses ajudaram de novo, e de novo. Da sua parte, Paulo não demorou para expressar sua profunda gratidão.

Mais uma vez, Paulo insiste que suas palavras não sugerem que ele está pedindo mais um donativo. Se deseja alguma coisa, diz ele: "o que realmente me interessa é o fruto que aumente o vosso crédito" (4:17). Noutras palavras, Paulo está principalmente contente que os filipenses tenham sido tão generosos no trabalho do evangelho, não porque ele é o receptor dessa generosidade, mas porque com sua generosidade, eles estão agindo como cristãos — e Deus, que não é devedor a ninguém, os recompensará. Paulo está mais alegre com as bênçãos que eles experimentarão por demonstrarem ser uma igreja doadora e generosa, do que com a própria oferta que veio a ele.

Aparentemente, Paulo procura até redirecionar algumas das doações futuras deles: "Recebi tudo e tenho abundância; estou suprido, desde que Epafrodito me passou às mãos o que me veio de vossa parte como aroma suave, como sacrifício aceitável e aprazível a Deus" (4:18). Qualquer que seja o caso, quer os filipenses enviem esses donativos generosos a Paulo ou a outros, os donativos eram oferecidos primeiramente a Deus: "como aroma suave, como sacrifício aceitável e aprazível a Deus" (4:18).

Estas são lições importantes de cortesia e generosidade cristã. Examine como Paulo agradece aos crentes em suas cartas; leia e releia as "ações de graças" de abertura que marcam todas as epístolas, com exceção de uma (Gálatas). Seu modelo *é agradecer a Deus* por aquilo que os crentes têm feito ou pelos sinais de estabilidade espiritual que ele percebe neles.

É uma atitude duplamente sábia. Contraste os erros opostos em que tão facilmente caímos. Por outro lado, há líderes cristãos que são tão irrestritos no seu louvor a pessoas, que é difícil evitar a conclusão de que eles controlem o próximo pela lisonja extravagante. É claro, em alguns casos nada mais é que uma idiossincrasia da personalidade. Recordo-me de um professor que veio até nossa casa para uma refeição. Ele era famoso por sua cortesia fervorosa. Na refeição, oferecemos lasanha ou espaguete ao molho bolonhês — certamente não era uma refeição de alto luxo, mas algo que iríamos, de qualquer maneira, comer no jantar com nossos filhos, que certamente amavam os dois pratos. O venerável professor continuou falando sobre as maravilhas da lasanha: "Sra. Carson, isto é realmente muito bom, é uma refeição extravagantemente gloriosa" — ou palavras com o mesmo efeito. Mas, como este professor era conhecido por sua cortesia hiperbólica, não ficamos demasiadamente afetados. Era simplesmente o jeito dele. Mas alguns líderes cristãos, temo eu, têm adotado uma posição tão generosa de louvor às pessoas, atitude que então é imitada por outros em redor, a ponto de suas igrejas não estarem mais centradas em Deus. Nada mais são que sociedades de admiração mútua.

De outro lado, alguns líderes cristãos — enciumados pela glória de Deus e firmemente compromissados com a crença de que, se um crente qualquer fizer alguma coisa boa, nada mais é que o produto do que Deus está realizando neles

170 O CRISTÃO VERDADEIRO

— e acabam oferecendo muito poucos agradecimentos. Relutam muito em elogiar; sua reticência de aperto de lábios é seu jeito de evitar a bajulação barata. Também, são tão assustados com o pecado do orgulho neles e nos outros, que evitam qualquer elogio que pudesse virar a cabeça. Se você fala a um pregador que seu sermão foi bom, ele acha que vai andar como pavão por uma semana toda. Não corroa ninguém com louvor — diáconos, professores de escola dominical, conselho da igreja, zeladores, músicos, qualquer um na igreja.

Paulo, porém, tem a questão em perspectiva correta. Nas suas cartas, ele não agradece simplesmente às pessoas (embora o faça, às vezes); ele agradece a Deus pela sua graça nelas — mas oferece sua gratidão a Deus em frente das pessoas. Com efeito, aproxima-se dos crentes dizendo: "eu me alegro grandemente na graça de Deus demonstrada em suas vidas", ou "agradeço a Deus sempre que me lembro de vós", ou "vossa vida é fragrância suave em sacrifício a Deus, em que ele mesmo se agrada". É exatamente isso que Paulo faz aqui. Reconhece o bem dos filipenses em ajudá-lo (4:14), mas insiste rapidamente que está mais interessado no que isso denota do caráter deles e o que significa em bênçãos sobre suas vidas, do que em seu próprio enriquecimento (4:17). Em todo caso, ele insiste que os donativos foram primeiro, e acima de tudo, "aroma suave, como sacrifício aceitável e aprazível a Deus". Tudo isso desperta a alegria de Paulo *no Senhor* (4:10), pois reconhece que as marcas da graça na igreja dos filipenses podiam ser traçadas diretamente ao próprio Senhor Jesus. Enquanto isso, ele lembra aos filipenses que, precisamente porque Deus não é devedor a ninguém, eles podem confiar nele para suprir as suas necessidades: "E o meu Deus, segundo a sua riqueza em glória, há de suprir, em Cristo Jesus, cada uma de vossas necessidades" (4:19).

Até os versículos finais deste capítulo refletem a cortesia cristã. "Saudai cada um dos santos em Cristo Jesus. Os irmãos que se acham comigo vos saúdam. Todos os santos vos saúdam, especialmente os da casa de César" (4:21-22). É como se Paulo estivesse constantemente tentando estabelecer os elos entre os crentes, as ligações a vários lugares. Então ele sorri, valendo-se desta ironia: "Todos os santos vos saúdam, *especialmente os da casa de César"* (4:22). Paulo podia ser prisioneiro ao bel-prazer de César, mas o evangelho penetrou a casa de César. É importante lembrar quem, afinal, está no comando e como ele opera.

Resolva crescer na graça da gratidão e cortesia cristã. Até agora, deve estar claro que isso não é exatamente igual à gratidão e cortesia associada comumente com a boa educação ou treino refinado. São diferentes as categorias: os valores não são meramente formais; até mesmo as formas são um pouco diferentes. A cortesia cristã, além de ser benéfica, fortalece os crentes, os convida a voltarem os pensamentos a Deus, multiplica os laços que os une e junta como corpo de Cristo. Portanto, resolva crescer na graça da gratidão e cortesia cristã. Precisamente porque ela fortalece o seu próprio discipulado e edifica seus irmãos e suas irmãs em Cristo, você estará multiplicando a resolução da igreja de nunca desistir da caminhada cristã.

172 O CRISTÃO VERDADEIRO

Talvez você tenha observado que deixei de fora um versículo: "Ora, a nosso Deus e Pai seja a glória pelos séculos dos séculos. Amém!" (4:20). Esta não é apenas uma fórmula que, de vez em quando, Paulo sente-se constrangido a incluir no texto sem pensar muito nas palavras. Pelo contrário, o apóstolo deseja lembrar a seus leitores que mesmo neste estágio é possível seguir todos os excelentes conselhos que ele deu neste capítulo, resolver obedecer todos os imperativos apostólicos, e ainda assim prostituir todos eles. O fator decisivo é este: Será que estes crentes enxergam que todo o discipulado cristão, toda a virtude cristã, todas as resoluções cristãs, toda a perseverança cristã, devem ser oferecidos para a glória de Deus, ou pensam eles que tais virtudes sejam fins últimos em si mesmos?

É triste fato que alguns cristãos ouçam as ordens deste capítulo — decidam seguir esse mesmo sentimento com outros cristãos, resolvam sempre alegrar-se no Senhor; resolvam ser conhecidos por sua moderação; decidam não andar ansiosos por coisa alguma, mas aprender a orar; resolvam pensar pensamentos santos; resolvam aprender o segredo do contentamento; resolvam crescer na graça da gratidão e cortesia cristã — e entesourem essas virtudes como se elas fossem pequenos deuses a serem cobiçados. Mas isso pode conduzir a uma nova rodada de legalismo. Pior ainda, tais alvos simplesmente não são dignos de tanto esforço e compromisso, *se eles forem considerados fins em si mesmos*.[10] Mas,

---

10 "A última tentação é a maior traição: Fazer o ato certo pela razão errada" (T. S. Eliot, *Murder in the Cathedral* – Assassinato na Catedral), pt. 1, última fala de Thomas Becket, linhas 3-4).

se forem alegremente, com muito amor, ofertados a Deus — isso faz toda a diferença. Resolvemos seguir estas virtudes *não apenas* por serem elas boas, mas porque Deus as exige e nos dá a graça de vivê-las. O resultado é que ele recebe a glória.

Fica claro, neste último capítulo, que Paulo oferece mais que mera informação, por mais vital que seja sua construção doutrinária. Lembramos as conhecidas linhas de T. S. Eliot: Onde está a sabedoria que perdemos no conhecimento? Onde está o conhecimento que perdemos com a informação?".[11] O apóstolo oferece ampla informação e conhecimento, mas também conduz os convertidos à sabedoria, ensinando-os como viver como discípulos do Senhor Jesus Cristo, ensinando-os não apenas a andar como seguidores, mas como perseverar nessa caminhada até o fim. Nunca desistam da caminhada cristã.

"A graça do Senhor Jesus Cristo seja com o vosso espírito. Amém" (4:23).

---

11 "Choruses from the Rock" ("Coros vindos da Rocha", coro 1, linhas 15-16.

Sua opinião é importante para nós.
Por gentileza, envie-nos seus comentários pelo e-mail:

editorial@hagnos.com.br

Visite nosso site:

www.hagnos.com.br